青春没有地平线

QINGCHUNMEIYOUDIPINGXIAN

李真 著

山西出版传媒集团
山西人民出版社

图书在版编目（CIP）数据

青春没有地平线／李真著．—太原：山西人民出版社，2013.10（2013.11 重印）
ISBN 978-7-203-08327-6

Ⅰ.①青… Ⅱ.①李… Ⅲ.①作文-中学-选集 Ⅳ.①H194.5

中国版本图书馆 CIP 数据核字（2013）第 224523 号

青春没有地平线

著　　者：李　真
责任编辑：徐晓宇
装帧设计：王聚金

出 版 者：山西出版传媒集团·山西人民出版社
地　　址：太原市建设南路 21 号
邮　　编：030012
发行营销：0351-4922220　4955996　4956039
0351-4922127（传真）　4956038（邮购）
E-mail：sxskcb@163.com　发行部
sxskcb@126.com　总编室
网　　址：www.sxskcb.com

经 销 者：山西出版传媒集团·山西人民出版社
承 印 者：太原市力成印刷有限公司

开　　本：787mm×1092mm　1/16
印　　张：16
字　　数：210 千字
印　　数：1-3 000 册
版　　次：2013 年 10 月第 1 版
印　　次：2013 年 11 月第 2 次印刷
书　　号：ISBN 978-7-203-08327-6
定　　价：32.00 元

目　录

序　言

青春的战场

青春的飞扬

青春的足迹

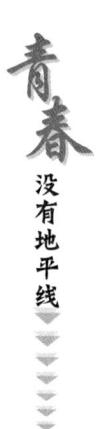

青春有爱

童真童趣

青春的主旋律

读书看报观电影有感

我看历史人物与事件

我看社会现象

随想随写

我听到幸福盛开的声音

——读李真小记

蒋　韵

做为标题的这句话，出自高中女生李真的某篇文章。这句话在文章几近结尾的部分，是这样写的："我听到幸福盛开的声音，倾国倾城。"读到这句，我不禁赞叹，好漂亮好有声色的文字！隐约地，还流露出青春的霸气。

真的是很喜欢这句话。

我似乎是以这句话为路径，慢慢认识、慢慢接近这个叫做李真的孩了，这个阳光、漂亮、有才情和干净的少女。读她的文章，就像走到了一朵刚刚绽放的花朵面前，凝视那份带着朝露的清新，心里有着欢喜也有着深深的怜惜，因为懂得，这清新和洁净的珍贵。

这是一个充满“正能量”的孩子。对世界、对人性、对生活充满善意，励志、有抱负、有远大志向、价值观正确、对未来有一种义无反顾的美好憧憬……突然之间意识到，这种没有阴影的人生记录，这种不扭曲的心路历程，久违了。

偶尔会读一些所谓的“青春文学”，常常在心里惊讶，惊讶这些孩子们内心世界的苍老。我想，他们经历了什么，使他们小小年纪竟用这样扭曲的方式来面对这个其实还有无穷奥秘和无穷可能的世界？我知道这里不乏非常诚实的情感和令人颤栗的痛苦，却也不能排除其中模仿的成份、克隆的成份以及“为赋新词强说愁”的可能性。似乎，有一个误区：不这样写，就不叫“青春文学”了。

其实，只有刻骨铭心的真实才具有文学和审美的意义。刻骨铭心的痛苦是感人的，刻骨铭心的欢乐也同样珍贵。那种单纯而嚣张的青春的快乐，“仰天大笑出门去”的极致形状，难道，就不属于今天的孩子今天的青年了吗？难道，“不疯魔不成活”这句话，我们可以改做“不扭曲不青春”了不成？这让我久久难过。有时候，他们似乎比我还老——说这话的，是我女儿的一个朋友。她在读完了我的某篇小说之后，这样感慨。

李真让我看到了意外。在这个孩子身上，我没有读到那种做作的扭曲的情感。她具有一种明朗的心境，一切，都如同晴天朗日。她忠实地书写着生活中点滴的快乐：飞机上的旅行餐带给她的小惊喜、和亲人出游的种种趣事让她忍俊不禁；她也谈生论死，感慨历史上那些绝艳惊人才华盖世的女性，可是她的结论是如此爽快：“纵然行走在消逝中，也要如她们一样，在身后留下那馨香的点点花影。”她也知道人生是有缺憾的，没有完美，就像橘子，“往往大而酸，抑或甘却小，不尽如人意。”可是她却有一种类似豪情的达观，用“行到水穷处，坐看云起时”来启示自己，“乐观面对缺憾”；她也领略过别人的小计谋小伤害，可是她却希望自己能做到“心如止水似佛陀一般。”我已经说过了她有抱负，你看，她这样比喻人生：“人的生命犹如一张精美上好的弓，生来就是为了把箭射得更远、更准，实现自己的价值……”所以，她才会这样充满诗意地宣布，“我听到幸福盛开的声音，倾国倾城。”

青春难道不可以这样飞扬，这样万里无云吗？

以后的人生，那是以后的事。我想，也是希望，有这样的青春做伴，将来，无论遇到什么，李真都会以更从容更深沉的的声音告诉生活：

我听到幸福盛开的声音，倾国倾城。

蒋韵

2013.6.27 于太原

自主招生教师推荐信

尊敬的北大招生办领导：

您们好！

很高兴能够以这样的形式向你们推荐我最优秀的学生——李真。作为一名看着李真一步步成长的高中老师，我觉得把最优秀的学生推荐给最优秀的大学是我义不容辞的责任。

李真酷爱读书，勤于思考，有很强的逻辑思维和分析能力。她用笔书写心灵的云卷云舒，记录读书的心得体会，也描绘校园生活的酸甜苦辣。在紧张学习的中学阶段，她勤奋不怠，坚持笔耕，写下了二十万字左右的生活感悟，已交由山西人民出版社出版，书名叫《青春没有地平线》。

李真的才华也许因为天赋，但更因为她热爱读书，读文学、读历史、读哲学。因为博览，所以全面，因为厚积，所以有发。

在她身上，其实最打动人的不是傲视群芳的才情，也不是优异的成绩，甚至不是出色的领导才能，而是爱心，是对生活、未来、世界、他人以至一草一木的热爱。在人们日益注重利益的今天，她坚守着人类灵魂中最闪光的一方净土，实在难能可贵。

在这里，我以自己的人格担保，我向贵校推荐的是一位品学兼优的好学生，她不会让贵校失望。我衷心地祝愿她能够通过贵校的选拔，也希望贵校能给她一次机会。我相信，她会给贵校更多惊喜。

此致

敬礼

班主任：

2013 年 7 月 20 日

北京大学自主招生自荐信

尊敬的北大招生办老师：

您好！

我叫李真，是山西大学附属中学的一名高三学生。一直以来，古朴优雅而又不失现代气息的燕园就是我理想的象牙塔，北大亚洲最大的图书馆、深厚的人文底蕴深深地吸引了我，尤其是近年来推进的教学改革，跨专业选课，修读辅修专业或双学士学位，这些改革措施很有利于每位学子的全面发展。

在众多专业中，我对经济管理专业特别感兴趣。在我看来，一个国家的发展离不开经济管理，国富民强的中国梦要靠有效的经济管理来实现。

北大光华管理学院以“创造管理知识，培养商界领袖，推动社会进步”为使命，这正是我的理想和奋斗目标。光华管理学院也是亚太最好的经济管理学院，在这里可以接受最好的教育，更好地实现自己的梦想，实现中国崛起的梦想。

三年前，我凭借优异的成绩免中考直接保送进入山大附中学习，并在此度过了忙碌而又充实的三年学习生活。志存高远，脚踏实地，辛勤耕耘的汗水挥洒在每一天的忙碌中，丰硕的果实也收获在点滴的进步中。

在学习方面，我的成绩一直名列前茅。文理兼长，全面发展是我的特点，多次获评学校“高一年级学习明星”“高二年级学习明星”，多次获得“三好学生”等荣誉称号，并以文科年级第一的优异成绩顺利进入高二。

我热爱读书，虽然每天学习紧张，但徜徉于书海仍是我每日必修的功课，在书籍的魅力中放松心情，陶冶情操成为我最大的乐趣。三毛说过“幸好爱读书，不然人生乏味”，在我看来，读书已成为我生命中不可或缺的一部分。我的文章曾获第十四届“语文报杯”全国中学生作文大赛省级特等奖，第十五届“语文报杯”全国中学生作文大赛国家级一等奖。我爱读书，爱思考，爱写作，我把自己对生活的点滴感悟以及对历史、时事的思考记录下来，写成了二十万字左右的一部成长笔记《青春没有地平线》；还在语文节活动中举办读书讲座，风趣幽默的《一个笨小孩的涅槃之路——曾国藩给我们的启示》赢得满堂喝彩，让同学们在轻松一笑之后对曾国藩的成功之路有了更深切的体会，并荣获最佳文学沙龙主讲人奖，被评为“读书明星”。

在学习上精益求精，在参加组织各种活动方面也颇有斩获。我曾在 2011 年高一年级演讲比赛中获得一等奖，在高一年级

"感恩"主题演讲比赛中获得二等奖，在高一年级语文节朗诵比赛中担任领诵并获团体特等奖，在高二年级语文节话剧表演《玄武门之变》中担任编剧、导演、演员，并获团体一等奖、最佳女配角奖。在不断的参与和挑战中，我感受到了生活的多彩和战胜自我的乐趣，为我枯燥的学习生活增添了一抹亮色。

作为校团委委员，团组织的工作也干得有声有色。高一时经过层层选拔考核，我有幸进入山大附中校团委组织部工作。在这两年中，我认真完成团组织布置的各项任务，组织领导能力有了很大的提高。2011 年 11 月为山大附中初中学生主讲团课《新时期共青团的光荣职责》，并组织入团考试培训工作；2012 年 4 月为高一学生主讲团课《团员的义务》；庆祝建团活动，拉赞助，制作展板；成功组织了大规模的首届"山大附中高一年级自主招生模拟面试"活动，受到师生的一致好评；收缴全校团费，筹备团代会，在"优秀团员表彰大会暨新团员入团大会"上担任领誓人。

努力总会有回报，由于表现优秀，我获得了 2011-2012 年度校"优秀团员干部"，2012-2013 年度校"优秀共青团员"，"山西大学附属中学 2012-2013 年度优秀学生团干"等称号。

我热衷于参加各项社会公益事业。组织并参加了全校"5·12"汶川地震捐款活动；利用节假日走访调查社区医院运行状况，为看病难看病贵积极建言献策；制作卫生常识小海报，如"服用两种以上药好吗""如何使用抗生素""输液快还是慢，这是个问题""胶囊不能裸服""入院体检是为治病还是要坑钱""鱼骨卡喉就喝醋"等等。周日走上街头、社区，向群众宣传普及医疗常识，并发放海报。我热衷于社会公益事业，在大学期间更要积极参加各类公益活动，当志愿者，为民众无私服务，为社会贡献自己的微薄之力。

至于未来规划，我希望能够进入贵校光华管理学院学习，并努力学好英语，在学好专业课的同时去修读辅修专业或双学士学位。因为我一直觉得全面发展是对一个高素质人才的首要要求，博览群书，横扫北大图书馆。除此之外，在大学学习的课余时间，我还想参加各种社团组织，增强实践能力。我相信，经过不懈的努力奋斗，与时俱进，自己一定能取得突出成绩。

至此，您应该看到了我是一个既活泼开朗、率性大方，又对生活有敏锐感触、处事严谨、志向远大的女孩。我希望在我的眼中永远都是风景，更希望在别人眼中我也永远是一道独特的风景。

高中三年，附中的校训“志存高远，脚踏实地”被每一位附中学子铭记在心。初中、高中在展翅楼下的六年，我深深爱上这个虽小却美丽不减的校园。我相信一所学校的校园文化及精神一定会对每一位学子产生潜移默化的影响，如果可能的话，北大将会是下一个我挥洒汗水，钟爱一生的地方。“大师身边宜聆教，未名湖畔好读书”，希望老师们可以给我这个机会，我真的希望有一天可以骄傲地说自己是一个“北大人”。

此致

敬礼

李　真

2013 年 7 月

附录：高中阶段所获各种奖励和荣誉

1. 出版个人著作二十万字左右随笔哲思《青春没有地平线》
2. 第十四届“语文报杯”全国中学生作文大赛省级特等奖
3. 第十五届“语文报杯”全国中学生作文大赛国家级一等奖
4. 高一年级演讲比赛一等奖
5. 高一年级“感恩主题”演讲比赛二等奖
6. 高一年级“学习之星”
7. 高二年级上学期学习明星
8. 第十届校园英语节英语词王争霸赛一等奖
9. 第十届校园语文节高二年级文学沙龙最佳主讲人
10. 第十届校园语文节话剧展播最佳女配角
11. 中国音乐家协会全国音乐考级钢琴九级
12. 2011-2012 学年度“三好学生”
13. 2012-2013 学年度“三好学生”
14. 2011-2012 学年度校“优秀团员干部”
15. 2012-2013 学年度校“优秀共青团员”
16. 山西大学附属中学 2012-2013 年度“优秀学生团干”

小学升初中自荐信

尊敬的老师：

您好！很荣幸您能在百忙之中翻阅我的自荐信，谢谢！

我叫李真，是九一小学六年级五班的学生，性格开朗，大方自信，是一个不轻易服输、勇于接受挑战的人。我深知，一个新时代的好少年，是要“德、智、体、美、劳”全面发展的；一个将来能为祖国，为人民真正做出贡献的人，一定是勤奋而又刻苦的。因为“学无早晚，但恐勤终惰”，只有坚持不懈，持之以恒地努力，才能摘得幸福的橄榄枝，得到香甜诱人的金苹果。下面我从“德、智、体、美、劳”五个方面谈谈自己在校六年来的情况。

首先说德。道德是体现一个人行为素养的最好例证，如果一个学生只是单纯的学习优秀，那他并不能称之为“好少年”，帮助同学，关心同窗，才能让自己的灵魂得到升华。每当有同学遇到难题不会做时，我都会主动为他们耐心讲解；每当同学问起我的学习方法时，我都会毫不保留地告诉他，并把搜集的资料与同学分享。我还坚持利用课间操时间热情耐心地帮助班里的一位同学补习英语。雨果说，“善是精神世界的阳光”，我心中一直秉承这种信念。看到路旁的孤寡老人靠乞讨为生时，心中不免泛起伤感,尽自己的微薄之力给予援助。听到电视里说灾区人民需要救援物资，我把自己平日节省的压岁钱捐了出去。一滴水的力量虽然微不足道,但无数滴水便能汇成浩瀚的大海。

幸福的根源在于知识，人的知识越广，人的本身也愈臻完善。一个人可以无师自通，但绝不可能无书自通。我酷爱读书，家里四个大书柜里满满的书籍是我的精神食粮。读书是我的乐趣，我畅游书海，体味“采菊东篱下，悠然见南山”的闲适；品读“无边落木萧萧下，不尽长江滚滚来”的豪迈；回想“剪不断，理还乱，是离愁，别是一番滋味在心头”的哀怨凄凉。因为读书，我的学习成绩越来越好，多次名列全班第一，甚至年级第一。学习成了我的乐趣，成了我生命中不可缺少的重要组成部分。培根说过“读书给人以乐趣，给人以才干”，这真是不假。

我喜欢体育运动，跑步、游泳、踢毽子、跳绳等项目我样样在行。四年级时我被选拔到学校田径队，每天下学后训练一个小时，寒暑假都要集训。通过训练，我在历年的学校运动会上取得了 100 米赛第一名、200 米第二名、接力赛团体第一的好成绩，为班级争了光。2007 年，我代表学校参加小店区运动会，获得 100 米赛第六名的好成绩。今年，我又参加了市运会，取得 60 米第二名、100 米第二名的好成绩。

一个全面发展的人，光读书是不行的，也应有特长和爱好。我从小学二年级开始学钢琴，虽不算早，但勤奋能把失去的时间补起来。我天天弹，从不间断，日日学，永不言弃。去年，我顺利通过了钢琴六级考试。世上虽然没有绝对的成功，但只要不断进取，就会距成功越来越近，因为顽强的毅力可以征服世界上任何一座高峰。弹琴不仅使我的课余生活变得丰富多彩，而且也陶冶了自己的情操，更重要的是使我养成了做任何事都持之以恒，从不半途而废的好习惯。

劳动者最光荣，他们谱写了一曲动人的劳动者之歌；劳动者是可敬的，我应该向他们学习。每当轮到我们组值日，我总是早早到校。不管有多辛苦，我都会把卫生区打扫得干干净净。在家里，我还经常帮助父母干家务，做饭、洗碗、打扫家、洗衣服等，只要有时间，我就帮着干。

还有一点也让我引以为荣，康乐幼儿园三年的全托生活培养了我较强的生活自理能力，在日常生活学习当中，我把自己的事情安排得井井有条，基本不用父母操心，更不用像有的同学那样让父母代劳。

贵校是我向往已久、梦寐以求的理想学校，有那么多大哥哥、大姐姐在这里放飞了自己的理想，实现了自己的目标。我坚信，追求永无止境，奋斗永无穷期。在莘莘学子中，我并非最好，但萧伯纳说：“有信心的人，可以化渺小为伟大，化平庸为神奇”，贵校如果能录取我，我会在新的起点，新的层次，以新的姿态，展现新的风貌，书写新的纪录，创造新的成绩。

附：六年来所获得各种荣誉证书以及在报刊杂志上发表的作品：

荣誉证书：

2004 年被评为校三好学生

2005 年荣获三年级看图作文赛优胜奖

2005 年被评为校优秀班干部

2005 年被评为全校“十佳少先队员”

2006 年被评为校优秀学生干部

2006 年被评为小店区三好学生

2007 年荣获第二届“福布斯杯”迎奥运素质展示活动六年级银奖

2007 年通过钢琴六级考试

2007 年被评为全校“十佳少先队员”

2007 年被评为太原市三好学生

2007 年在小店区运动会上取得 100 米第六名

2008 年在小店区运动会上取得 60 米第四名，100 米第六名

2008 年在市运会上取得 60 米第二名，100 米第二名的好成绩

发表作品：

《读〈乌塔〉有感》发表于山西日报 2007 年 8 月 7 日

《版纳之旅》发表于《青少年日记》2007 年第 9 期

《会变魔术的手》发表于山西晚报 2007 年 6 月 12 日

《多情又无情的雨》发表于三晋都市报 2007 年 7 月 12 日

《有趣的热带鱼》发表于三晋都市报 2007 年 8 月 30 日

《妈妈的心》发表于三晋都市报 2008 年 1 月 16 日

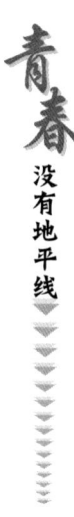

青春的战场

QINGCHUNDEZHANCHANG

三年的师生缘分使我有幸见证了她一步步参透这世上最难懂的学问——淡然绽放的她，真真切切地感受生活，认认真真地面对生活。热爱生活的李真，书如其人，人如其名。

——李丽娜（山西大学附属中学高249班班主任）

新学期心路历程

“什么？普通班？”远在美国的我接到妈妈打来的越洋电话，一下子愣住了，万千的委屈顿时从心底潮水般涌起，如鲠在喉。妈妈后面说了什么，我都不知道，只是呆呆地站着。哈佛大学如画的校园，绿毯般的草坪，城堡般厚重的建筑，此时都快步地离我而去，我那颗骄傲的心瞬间被毁灭得支离破碎，我甚至听得见它落地那一刹那的不平和挣扎。

努力说服自己整理好思绪，一遍遍地告诉自己无论在什么环境下，只要不放弃，就会摘到胜利的橄榄枝。可这样的自我安慰在去军营的第一天就破灭了。从美国回来的第二天，我就收拾好行装去军训了。我热情地跟新同学打招呼，和她们开玩笑，分班的不愉快被强制性地抛到了脑后。晚上洗漱时，碰到好多初中同学。她们好奇地挤过来，问我分到了哪个班。看着她们一张张灿烂的笑脸，像一只只快乐的小鸟，我突然觉得很委屈。我又不是不如她们，凭什么我一个保送生去普通班？没考试又不是我自愿的，代价真的这么大吗？

躺在床上，我辗转反侧。夜凉如水，只有几颗毫不起眼的小星星孤单地挂在漆黑的天幕上，月光透过窗子静静地洒进来。我沮丧极了，像一株遭遇了寒霜的枯草，对生活再也没有了往日的希望。

一夜无眠。窗外透出的亮光告诉我天亮了。从床上爬起来，推开窗户，看着湛蓝的天空一寸寸替代黑暗的天幕，我突然想起了一部电影里的台词：“如果你的心在痛，眼泪快要流下来时，赶快抬头看看天空，看看这片曾经属于我们的天空。如果天依旧那么广阔，云依旧那么潇洒，那就不应该哭，因为我的离去，并没有带走你的世界。”虽然这是描写爱情的，但我觉得没有比这更能形容我当时的心境了。没有进实验班，我的世界还在，我的目标还在，我为什么不选择重新站起来呢?

一瞬间，我释然了，连日来笼罩在心头的阴霾倏地消散了，云淡了，风轻了。

你不能选择环境，但你可以选择你的态度，你的人生，选择去努力达到你的人生目标。我知道这会更难，更艰苦，但我有强大的自信和永不放弃的坚持。向往天空，就只能在群星中安眠，选择大海，珊瑚就是你永恒的墓床。面对新学期，面对新挑战，我已经做好了迎接的准备，我相信只要努力，只要坚持，青春没有地平线。苍茫大地，我主沉浮!

星期六的苦与乐

刚开学，周六要上课的消息就风卷残云般席卷了整个校园。怀疑，不确定，甚至有些紧张地迎来了第一个上课的星期六。

早晨六点二十分，闹钟准时响起，我极不情愿地揉揉惺忪的睡眼，唉，还得去上学！想当初，周六周日可是我补觉的大好时机，可以尽情享受“睡觉睡到自然醒”这一人生最快乐之事，把上一周的劳累抛之脑后，从而更精神地迎接下一周的学习生活。谁曾想，晴天霹雳当空炸响，双休日变成了单休日，但一想到可以放更长的暑假，我的心情又舒畅起来。

一天的紧张生活从七点二十五分正式拉开序幕，亘古不变的早读，亘古不变的上课和下课，在这周六有了些许变化。也许是生活的打击来得太快、太猛，让人措手不及，连平日时刻精神抖擞、有板有眼的老师们也露出疲惫之色。更令人紧张的是，据老师分析，这学期讲完课都很困难，更别说其他了。又一想，再有 20 天就要期中考试，而物理只学完第一章，英语还有 3 个单元……未来无法预想，只能安静地尽力做好每一件事，听天由命。忙碌的学习，短暂的放松，似命运轮回般转得太快，让人来不及留恋，更来不及回味，一天的学校生活结束了。

千万不要认为那就是周六的尾声，更疯狂的还在后面。平时周末时间充裕，去上英语课可谓无足挂齿，而现在，一切都改变了。下午六点半放学，七点上课，中间最多有三十分钟，而我要从学校赶到铜锣湾。下课铃一响，抓起书包，第一个冲出教室，在车里如饿虎扑食般地解决了晚饭，终于在老师开讲前五分钟到达目的地，重新投入紧张的学习。

下课归来，已近晚上十点。想想这一天的生活，竟品出了些许味道。虽然很苦很累，但很充实，很快乐。虽然有抱怨，有不满，但更多的是生活的成就感和满足感。在周六，我可以在更短的时间吸收更多的知识，可以将整天的时间安排得满满当当，在学习中找到苦中作乐的感觉。尝试着用接纳、享受的心态看待周六的上课，也许细心的你会感受到那如黑巧克力般的苦中散发着的丝丝缕缕、若隐若现的甜与香，乐由心生。

快乐四人组

又是一年春将近，又是一朝合与分。带着不舍离开了朝夕相处一学期的前组员，淡淡的惆怅中更多的是对全新小组的满怀期待。悬念揭晓，帷幕落下，本学期全新的六组，个性迥异而突出的四人完美组合，将以全新而饱满的姿态迎接新学期的挑战。

先说说搞怪幽默又不失睿智的李沛东。作为组里元老级的人物，他给组里带来的总是一份活泼和欢乐，每天都有不一样的新鲜感。他像一个百变的精灵，总让人捉摸不透，一会儿是温文儒雅的小绅士，待人接物是那么彬彬有礼，一会儿又变成了搞怪爱闹的魔术大师，忍俊不禁的小把戏总能把我们逗得哈哈大笑。有时，他还会固执得让人哭笑不得，只有搬出大套理论才能说服他……总之，活泼又不失稳重的他是我们组里的智多星兼幽默大师，有了他，欢乐一路同行。

接下来隆重介绍本组另一位严肃中透着搞笑，看似不羁的外表下藏着一颗细腻善良心的李文智。作为他的小学同班同学兼初中同班同学，我对他的性格可以说是了如指掌。有时你也许会看到他一言不发，那也许是他在沉思或是聆听，专注的表情会让人观其颜而省自身，重新沉下心学习。而有时，他同样也会和李沛东玩玩魔术，讲讲笑话，把组里气氛搞得轻松而愉悦，实在不失为一种学习之余消遣娱乐的最佳方式。这就是他，时而严肃，时而好动，能够让人警醒，又能够让人放松的沉默王子，有了他，每天都会有不同的惊喜。

大名鼎鼎、个性十足的本组超级顾问郑欣闪亮登场。也许在生活中她并不是一个让人兴奋的伙伴，但在学习上她的确是最好的讨论者和权威专家。她很耐心，不论是物理、数学抑或是其他，都可以尽其所能助人为乐；她很温柔，说话总是柔声细语，很少大吵大闹，有时会独自喃喃自语，让人有些想笑却被她的认真劲折服，有时她也会参与组里一些调节气氛的活动，虽不是活动的主导者却也是不可或缺的超级顾问。

最后嘛，就是本组组长本人啦，长处与优点就不连篇累牍、徒费笔墨了，功过自待后人评说。对组里来说，我总会担当一个将气氛推向高潮，然后一把拽回低谷的角色。当小组成员氛围高涨到影响纪律时，我便会不留情面地给予当头棒喝。而当看到组里气氛有些沉闷压抑时，又会挑起一些话题引发激烈讨论。同时，作为组长，又是一个调解矛盾和纠纷的法官，是严厉与善解人意的矛盾结合体，从而使小组一张一弛，更好地学习，更快乐地成长。

这就是快乐的奋斗四人组。在这个小集体里，虽然有矛盾和摩擦，但更多的却是包容和原谅。我们有不同的性格，也有不同的分工，但我们都有共同的愿望，那就是希望六组在我们共同的努力下展翅高飞，希望我们每个人都能在新学期创造出属于自己的辉煌!

成长的烦恼

“安静一下，我刚接到教育局的通知，4 月 14 号期中考试”，上课铃刚响，班主任就手里拿着一张通知姗姗而来，晃晃手里的通知单，对刚刚脱离月考魔掌的我们说。话音刚落，班里顿时炸开了锅。每个同学的脸上都晴转阴似地浮现出各种怪异表情，不外乎那痛苦得像被雷劈了似的苦瓜脸，悲愤得像丰收的果实被人抢了似的苦大仇深，还有的则是面对生活无情的打击而无奈叹气，仿佛看透人生、看破红尘的“超脱”之人。一个个像被抛入了考试的深渊，经受着炼狱般的折磨。抬头看着老师，笑容里仿佛夹杂着一丝狡猾的味道。叹了口气，没办法，胳膊毕竟拧不过大腿，好好复习吧。

七门课，七次考验，谁都想在考试中取得好成绩，一个个发奋努力，早上“画”着黑眼圈而来，晚上戴着“紧箍咒”回去。为了不落人后，只得付出加倍的努力，即使感冒，也“轻伤不下火线”，制定详细的复习计划贴在书桌上，天天倒计时计算距离期中考试还有几天，像高考似的分秒必争。

“距考试还有十五天”、“距考试还有十天、九天……”，日历被一张张翻过，我的心也一天天紧张起来。每天晚上仅六个小时的睡眠时间让我苦不堪言，只能靠中午的一丁点时间“充电”，就盼着赶快到周末好

好睡一觉，长长个子，要不被沉重的书包压得苦不堪言的后背该抗议了。

忙碌而紧张的一周过去，迎来的又是各种补习班，尤其到了“期中考试”的紧要关头，更是忙忙碌碌地奔波在“赶考”的路上，将辛勤的汗水“播撒”在广阔的土地上。

上述这些场景，也许是大多数中学生真实的写照。来自考试的烦恼，也许正是我们成长过程中必定要经历的磨练期，咬咬牙挺过去了，迎接你的将是美好的明天。孟子的话值得我们共勉：“天将降大任于斯人也，必先苦其心志，劳其筋骨，饿其体肤，空乏其身，行拂乱其所为，所以动心忍性，增益其所不能……”

我学习，我快乐

——八十八班语录

走进八十八班，你也许会感到惊讶：如此枯燥难记的概念，他们怎么能记得这样牢固准确？身处浩瀚题海的学习生活，他们怎么会过得如此有滋有味？隔三差五的小考大考，他们如何能够轻松应对？这个创造奇迹的班级，它的欢笑与泪水，师生之间幽默的对话，碰撞出了智慧的火花。

一、数学问候法

说起数学问候法，首创者当然是我们最幽默的数学老师冯老师了。上学期，冯老师为了让我们记住“减棱”的方法，特编了一组见面问候语：

“你中午干嘛来?”

“我去‘减棱’了。”

“哦，我也去了，减得还不错。”

还特意让班里两个体形“苗条”的同学作了示范，引得大家哈哈大笑，在放松身心的同时，也牢牢记住了“减棱”的方法，在做题时游刃有余。此方法一出现，随即风靡全班，数学问候语不绝于耳：“我是角分线，哦，原来你是平行线呀。来，来，来，等腰等腰”。“快过来，找找你的黄金分割线……”就是在这种快乐的氛围中，同学们学到并记牢了许多知识，也增进了同学间的友谊，愉悦了身心。

二、爆笑科幻故事

“人类大肆破坏森林。有一天，两个外星人躲在宇宙飞船上看地球。一个说，看地球那么脏，大气污染这么严重，咱们下去趁火打个劫，顺便抓个八十八班的学生回来做个实验，把他的毛‘唰’的全推了，让他再破坏地球！”地理老师语出惊人，即兴科幻小说顿时让我们爆笑不止，也让我们轻松了许多，听课的疲倦一扫而光。冷静下来，感受到的不仅是幽默语言带来的快乐，更重要的是对环境严重污染的深刻思考和反省，这些风趣却蕴含深意的科幻故事也让我们受益匪浅。

八十八班的生活片段有很多，经典语录也有很多，我认为，这些快乐的点点滴滴，都是八十八班全班师生智慧的结晶。我想，学习的真谛也许就是快乐地学习，深刻地理解吧。

本周我做主

听闻王老师要住院的消息，说不清是兴奋、失落抑或是如释重负的轻松，对即将到来的别样的一周充满着无限期待。想到平时难得的自由将不费吹灰之力获得，更是喜上眉梢。本周，我是自己的主人！

本周第一天，来到教室里，同学们仍像往常一样井然有序地各自忙碌，但我总觉得不习惯——教室里没有了那略显臃肿的背影，没有了那双视察教室严厉的眼睛，也没有了那响度非凡的呵斥声，寂静中的教室充满了物是人非的气息。代王老师教语文课的是一位年轻的老师，说话温柔和气。看来管教不严，我暗自庆幸。教学任务也很简单，只须读读名著，想想问题即可，紧绷的神经立刻放松了下来。渐渐地对自己的约束也降低了要求，说话现象日益严重，老师不在的时候，也会做些与课堂无关的事，想要控制，却发现坏习惯形成容易改掉难。我不禁沉默，我真的能做得了自己的主吗？

自习课上，没有了王老师的震慑，同学们听音乐的听音乐，玩手机的玩手机，聊天的聊天，秩序已全然混乱。很想静下心来努力思考问题，却发现自己已很难完全融入学习中了，周围的一切都充满着诱惑——好听的音乐在向我招手，情节紧张的小说左右着我的神经，我不自觉地被拽到那张充满诱惑的网上，想挣也挣不脱。没有了限制，没有了约束，放纵自由地疯狂了两天后，却感到一种莫名的空虚与恐惧。这两天我做了些什么？那些宝贵的时间都是用来无休止挥霍的吗？我冷静了下来，有所不为才能有所为，在外界因素无法改变时，做出改变的只能是你自己。如果选择了放纵，也许一生会一事无成，但若选择了坚定，虽然前路渺茫，却也能让自己一生充实。

一周的光阴就这样浑浑噩噩地过去了，自己做主的时间让我在迷途中重新审视了自己，找到了航向。在下周的学习中，我将加倍努力，克服自身弱点，向着心中的目标前进，为自己的人生做主！

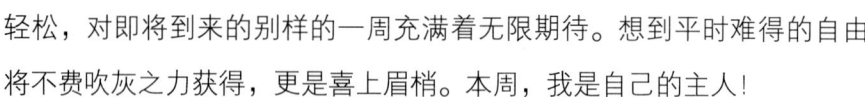

练字的乐趣

自从上了初中，我对自己的字越来越不满意，看着周围同学个个写得一手好字，心里很羡慕。去年暑假，趁这两个月的长假，我从头开始，一笔一画地描起了字帖。

起初，我以为练字很容易，只要认真练习，几天就可以写一手好字。可残酷的现实让我打消了这念头——写字时笔画生硬，握笔非常不得劲，写出来的字和字帖上的大相径庭，接连几天都不得要领。直到此时，我才明白，写字也是需要功夫的，切不可急功近利，得慢慢来。于是，我摆正了心态，坚持天天练，练得多了竟觉得练字是一天中必不可少的事，一天不练，便觉得生活中少些什么，我感到我已渐渐地沉浸于书法的世界中乐此不疲。

大概练了一个月左右，我的字有了明显改观，原先又小又斜的“歪体”已然变成了又正又方的“楷体”，对比以前的作业本，简直出自两人之手，我心里别提多高兴了，此后便更加用功了。练字的时候，心静如止水，思绪跟着字帖上“红楼梦”的诗句浮想联翩，仿佛置身仙境，身边雕梁画柱，演绎千古柔情。我忽然觉得我是世界上最幸福的人，没有人打扰，就这样静静地，静静地写下去，饱蘸墨汁，倾诉衷肠，仿佛融入字的世界，眼前是工整的书法，字的后面却是无法诉说的痴情。练字已经成为我生活中的一部分，看着越来越整洁大方的字体，我觉得生活真的很美好，我真的很幸福。

现在，每天不管有多忙，我都会练一页字帖，让自己的心静下来，沉下去，让焦躁与慌乱离我远去。我渐渐地明白，那些大书法家那种“静”

的境界是多么富有内涵。练字带给人们的，不仅是一手好字更重要的是一种闲适、安逸的心境，在练字中体会到的，是人生安静的乐趣。

让世界安静一分钟

当一个人能静静思考的时候，便是他长大的时候。

——题记

夜幕降临，每天陪伴我们度过黑夜的电灯突然熄灭，点燃一只细弱的蜡烛，看微弱的烛焰忽左忽右地跳动，你的心灵是否划过片刻的宁静？你是否为这短暂的沉默而热泪盈眶？

周六晚上，我照例去离家很近的院里上英语课，相同的时间，相同的地点，相同的人去做相同的事。这个晚上，本应是时间流里最平凡、最短暂的一瞬，但却让我收获了不平凡的启示。

灯火通明的教室，在暗夜中如同白昼，黑夜的深邃始终没有敌过白昼的浮躁。同学们脸上都有难言的疲惫，懒洋洋地拿出课本，皱着眉头读着枯燥的单词，不时有爱说话的同学不合时宜地插两句嘴，连空气中都弥漫着烦躁的气息。老师拿着课本在上面讲语法，我们在下面手忙脚乱地抄笔记，正记到要紧处，周围的世界突然暗了下来，只能看见一束柔和的月光透过窗户洒进屋里。教室里一阵骚动，但很快又恢复了宁静。老师有条不紊地将一根根蜡烛点燃放在我们桌前，静静地，悄无声息地。看着跳动的火苗在翩翩舞蹈，橘黄色的光显得那么温柔，好像慈母的手让一切沉寂，瞬时，我的心静下来，不再有那么多尘世的忧烦，平日学习的忙碌和烦躁好像瞬间消失了一样。再看看那枯涩难懂的语法，此时也变得如此简单，像我的老朋友那么可亲，面对它，我不再如临大敌。蜡油一滴滴落下，我竟有些感动。人浮于世，有短暂的时间让自己安静，哪怕只有一分钟，都是多么幸福的事啊！

钟表滴答滴答地走着，老师平静地讲课，同学们在烛光下安静地听着。突然，电灯又亮了，微弱的烛光顿时在强烈的灯光下黯然失色，没有一个人理会，只是平静地将蜡烛吹灭，继续汲取精神食粮，先前的浮躁也一扫而光，留下的是专注与认真。

也许，世界真的需要安静片刻，哪怕只有一分钟，能让我们静下心来，抛开尘世的烦恼，去思考、领悟一些平日里没有时间去想的事，去让自己的心灵成长、成熟，也是幸福的。当今世界，物欲横流，黑夜在人的力量下也能变成白昼，人心不安，人们早已没有了田园生活的恬静，剩下的只是勾心斗角。在这样的环境下，内心的宁静是多么重要！朋友，请让自己安静下来，虽然你不能主宰世界，但你可以主宰自己的心。

音乐美术课同样重要

近几周，同学们对音乐、美术等副课的逃课现象日趋严重，有时竟然会出现偌大的美术教室里仅有二三十个人来上课的情况。原因也许是同学们学习太紧张，生活太忙碌了吧？想要抓紧一切时间学习主课，音乐、美术这些副课高考又不考，这自然就导致了副课逃课率的居高不下。

以前的我也是逃课大军中的一员，每到上音乐、美术课时，总想着找各种理由不去，去了也是写作业，可结果是音乐课听不好，作业也写不成，影响心情和效率。

渐渐地，我发现，其实上音乐、美术课并不是浪费时间，而恰恰是充分地利用了时间。同样地，一节课 40 分钟，你在教室埋头苦干，最多做完一份数学卷子，晚上能早睡几分钟。如果你全身心地投入到音乐课中，你可能会收获到没有老师的指导你永远不会知道的音乐知识，这不仅提高了自己的人文素养，扩展了知识面，开阔了视野，同时也放松了心情，愉悦了身心，从而更好地投入学习中。效率高了，作业自然做得又快又好，如此良性循环，不亦智乎？

再者，如果你真的抓紧时间，那课下就不会有嘻哈打闹；如果你真的抓紧时间，那上课就不会走神睡觉；如果你真的抓紧时间，作业就不会屡次未交……恰恰是那些平时让时间一点点悄悄溜走的人，每每旷掉看起来不重要的音乐、美术课，看似抓紧时间，实则是对时间的更大浪费，因小失大，长此以往，不落后是不可能的。

所以，把眼光放长远，不要只盯着考题、卷子不放，适当抬起头，看看自己漫漫的人生路，汲取一切有益的东西，海纳百川，这样你的人生之路才会走得更远，走得更好。

越过心中那道坎——来自 78 分的启示

“快来看，思品成绩出来了！”不知是哪位同学把这个万众瞩目的消息带到了班里，大家呼啦一下围了过去，争相翻阅着自己和朋友们的卷子，一派热火朝天的景象。

我不愿凑热闹，故作镇定地看着书，心却早已紧张得像小兔子乱跳，思绪久久不能平静。我早已沉浸在得到高分后的喜悦和自豪中，同学们羡慕的眼神，老师的夸奖，父母的表扬……我似乎已经看到成功在向我招手……“喂，真儿，你 78！”“什么？”朋友的话宛如晴天霹雳，我顿时懵了，才 78 分，怎么这么低？我没有听错吧？

带着怀疑与不安，我好不容易才拿到了自己的试卷，卷页上鲜红的 78 分分外刺眼，一道道毫不留情的红叉把我的心扔到了谷底。再看看周围的同学，“95”、“97”……一个个骄人的成绩映红了他们自豪喜悦的脸，我顿时自卑的无地自容。我还有希望吗？

我还有希望吗？我不停地在心里问自己。想想当年，哪次思品成绩不是名列前茅？哪次成绩会如此让人难以接受？我能一直沉浸于失落和痛苦当中吗？不能。我要振作起来。只有走过去，越过心中那道坎，我才有成功的希望。

我不再苦恼，不再彷徨，决心以多别人十倍的努力重新奋斗。课上认真听课，动手与动脑紧密结合，课下孜孜不倦，埋头苦干，只为证明自己能行。我不再追逐名利，不再计较得失。课下刻苦钻研，与同学热烈讨论，向老师虚心求教，我的生活变得更充实、更快乐了。那道坎已越来越低，越来越低……

又是一次考试过后，面对成绩，我不再紧张，不再焦虑，只是坐在那里静静地、坦然地接受成绩。出乎意料的是，这一次我竟考了 90！此刻，我心中涌起的不再是激动，而是感慨，原来只要努力就没有过不去的坎！

是啊，只有走过失败的痛苦，你才能真正体味到成功的不易，但也因为走过才让你的成功更加深刻。越过 78 分的坎，克服心中的障碍，在人生路上，不管遇到什么困难，都不会停下自己前进的脚步。

“曾经沧海难为水，除却巫山不是云”，因为经历过，因为走过，才能坚定向前，不懈探寻。到了那时，恐怕就能体会苏东坡“回首向来萧瑟处，归去，也无风雨也无晴”的境界了吧。

寒假学习的苦与乐

附中例行的期初考试结束了，短短的八天大“烤”了我们两次，从早上七点半挺到晚上七点，赶紧吃口饭还得悲催地去上晚自习。考试已把大家累得东倒西歪，但还得强打精神写作业。做学生苦，做附中的优秀学生更苦。

这两次考试成绩还不错，班里排名一次是第一，一次是第二，但年级排名就不那么理想了。总是栽在某一门课程上，发下卷子来方知悔恨已晚，事已成定局。但也没什么遗憾的，尽力了就好。

能取得这样的成绩，恐怕也和假期的奋斗分不开。天道酬勤，这话实在没错。短短的十三天假期，我只用了两天放松自己，剩下的日子里没有一天是轻松悠闲的。

曾经听说，王金战在他女儿上高三时，大年初一陪着女儿在办公室学习。父女俩吃着泡面度过了春节，内心充实而快乐。当时我认为这是不可能的事，但现在自己也慢慢体会到了那种心境。过年，对我来说，十几天的假期只是多了一点自我支配的时间，休息的意义已不再那么大了。假期，对我来说，是一个超越和突破的过程，在别人睡懒觉的时候，我早就起床学习了好久；在别人看电视消遣的时候，我在艰难地与数学难题对抗；在别人应付作业胡乱抄答案的时候，我在认真分析每一道题，每一个步骤。从早忙到晚，躺在床上眼睛都睁不开了，心里却很充实快乐，大概无怨无悔的青春就应该如此吧！不因懒惰而荒废，不因胆怯而放弃，不因懦弱而停止，向困难与挑战进发，什么也不能阻挡你的脚步！

又是新的一年，离追梦的终点还有一年半，也许，你的身边没有让你追赶的榜样，那何不在心中树立一个完美的自己，成为一个让自己崇拜的人呢？专心学习，不问得失，水到渠成，一切自有定论。

考试进行曲

之一，备考

“尽吾志也而不能至者，可以无悔矣，其孰能讥之乎?”在现在这样一个准备期末考试的忙碌时期，面对一大片半生不熟的知识，面对一大摊需要复习的书目，计算着少得可怜的复习时间，紧张、不安无时无刻不在侵扰着我脆弱的神经。这句话被我反复吟咏，真个是道出了我的心声!

鲁迅先生说:“惨象，已使我目不忍视了，流言，犹使我耳不忍闻，我还有什么话可说呢?”翻着QQ上学霸们貌似谦逊实则嚣张无比的“说说”，对时局的惨淡预期沉重地敲打着我的内心。着急又有什么用呢，仅剩三天，但还有三天，还有三天的机会，还有三天绝地逢生的可能，就算失败了，但我也是尽力了，“其孰能讥之乎?”

况且假期马上就要来了，又是一个新的起点、新的阶段。大鹏展翅总要有一个过程，小燕雀的暂时领先不过是浮云罢了，厚积薄发才是最高的境界。不论这次考成什么惨状，我都会整好行囊，重新上路，鸿鹄之志，岂能因眼前的挫折而动摇?

I’m on the way!

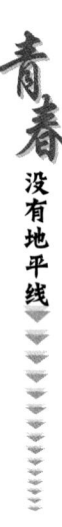

之二，期末考试

作为学期结束标志的期末考试落下了帷幕。在准备考试的这段日子里，我感慨很深，主要有以下几点：

第一，人的潜能是巨大的，奇迹真的有可能发生。一晚上 5 个多小时，我竟然能将一本必修Ⅰ地理书背得清清楚楚。虽然不能抹灭我之前预习听课、及时巩固的功劳，但一晚上完成这样一项浩繁的工程也实属不易，这在平时我是想都不敢想的。人哪，被逼急了，什么事都能做成。

第二，静心专注是短时间内快速记忆的良方。心不静，什么都背不进去，坐在那里看书纯粹是浪费时间，专注才能达到人书合一、物我两忘的境界，才能体味到编书者的逻辑和良苦用心。有了逻辑关系，一切就好说了，不过是把零散的知识用逻辑这根线串起来罢了。

第三，要有勇气面对困难，临事不惧，静心思考。那么多需要复习的科目，如果你怕了，退缩了，采取鸵鸟政策自欺欺人了，那么考不好就是必然结果。但如果你不被板砖似的复习吓垮，而是勇敢地迎接，便可无愧于己，“尽吾志也而不能至者，可以无悔矣”，而不是“吾力尚足以入，火尚足以明也，力足以至焉而不至，于人为可讥，而在己为有悔”。在考场上，遇到难题要沉住气，要先跳过做下一道，千万不要乱了阵脚。像这次考试，数学考试前面有道填空题不会，我就先做后面的，丝毫不受它的影响，在做完卷子后看表还剩四十分钟，便集中精力攻克它，最后竟真的做出来了！生物考试亦是如此，竟比那些天天钻在生物习题里的人做得都好！可也有失足的时候，化学考试的时候就因为慌了手脚，没能稳定军心，一道简单的推理题弄得马失前蹄，狼狈不堪，十分钟就这样付之东流。教训呀！不过这也可以证明一点，你在什么地方下了功夫，在什么地方没做到位，都会通过考试反映出来，容不得半点马虎。

第四，成绩出来了，六科排名班里第五，退步不少，九科排名第二，化学、生物拉了分。我的自信心又一次受到了打击，一次次营建的自以为坚不可摧的堡垒总在目不忍睹的成绩中被打得灰飞烟灭。凭什么我努力了，尽力了，结果还是不那么尽如人意？我每天认认真真听政治，听历史，难道真的不如他们临阵磨枪来得好吗？

眼耳充斥的都是成绩、分数、排名，这是没有硝烟的战场，却比流血的沙场更残酷！这里考验着人的体力，煎熬着人的内心，是真正的精神炼狱！成者王侯败者寇，在这里，在这个年级里，已然演绎得淋漓尽致。

高中，真的是一个新起点。你的曾经，曾经的优秀，曾经的辉煌，都已是过眼云烟。看着曾经不如你的同学站在成绩的制高点开心地笑着，内心是何感受！我感到我好像又回到了初一那个时候，小学的辉煌和灿烂与当时现实的惨淡，昔日同窗在别的学校已然鹤立鸡群之时，我却只能在班里十名左右摇摆、年级一百多名上下徘徊。巨大的心理落差让我开始怀疑自己的能力，但谁能想到就是那个默默无闻的我，就是那个他们眼中的中上等生，以最优异的成绩实现了当初的目标！所有的怀疑，所有的不信任，都被事实击得粉碎，事实证明：只要挺住，只要坚持下去，优秀辉煌都会重新属于你！

又是这样一个阶段，再次处在人生的低谷，一遍遍问自己，你有勇气再次奋斗吗？用你的泪水、汗水再一次浇铸起实现你梦想的天梯吗？答案当然是能！燕雀虽飞得快，但只能飞一时，只有大雁、大鹏才能厚积薄发，终成 代伟业！压力就是动力，握紧拳头，忍住眼眶中打转的泪水，迈开双腿，踏遍一切艰难困苦，迈过一切坎坷挫折！

之三，新的奋起

今天是正式放寒假的第一天，我获得了前所未有的充实感和满足感。

从早上六点半开始，忙忙碌碌地像一只勤劳的小蚂蚁，不仅将计划的全部内容完成，而且自认为完成得质量很高。看来昨天的自我批评和自我教育还是很有用的，虽然很累，但我真正地、切实地体会到了为自己的未来奋力拼搏、挥汗洒泪的快感。我感到我又重新找回了从前那个自信的、刻苦的、有远大理想和坚定信念的我，那种为自己的前途拼搏的感觉真是妙不可言！坚持下去，我一定会成功的！

其实并非这样

人生中有些事，如果换一个角度看，就会发现，它的结果其实并不那么糟糕。

——题记

记得那是初中的第一次月考，我怀揣着小学时的骄人战绩和准备独占鳌头的强烈自信走进考场，梦想着能在升入初中的第一次大考中一鸣惊人。然而，发下考卷的一刹那，我的心就紧紧地揪了起来，一道道难题就好像一只只拦路虎，张牙舞爪地向我扑来，使我疲于应付。摆在我面前的是一块块的绊脚石，当我费尽心力将它们搬开时，已是心力交瘁，满头大汗，我不禁对我的前途担忧起来。

果不其然，考试的结果如五雷轰顶，排名出了前 10 名。之后的一段日子是痛苦而漫长的，对前途的担忧和彷徨，对往日美好生活的眷恋和怀念，以及对未知世界的恐惧，都深深困扰着我。我的头顶好像一直笼罩着一片乌云，始终不肯散去。也许，时间真是一剂能淡化痛苦的良药，随着时间的推移，我已渐渐淡忘了月考的失败，而是学会了从另一个角度想问题，其实并非这样，事情还没有那么糟糕，或许还有转机。

一次次的考试，一次次的磨练，一次次在心中对自己说：“其实并非这样，事情还有转机”，无论成功与否，我都学会了微笑面对。最终，我的成绩一点点提高，排名一点点靠前，在又一次月考中，实现了目标。

现在回想起来，如果没有那时的失败，我还会脚踏实地地努力吗？如果没有那时的彷徨，我还会对自己的目标坚定不移吗？再如果，我没有从失败中看到转机，现在的我，还会是那个开朗、快乐、充满自信的我吗？

其实，有些事，换一个角度，换一种心情，换一种态度，它并没有想象中那么糟糕。相反，你还会从中看到希望，找到前进的方向，然后骄傲地对自己说：“事情其实并非这样，我还有希望！”如果把人生比作旅程，“其实并非这样”就是我们的信条，在这种信念的支撑下，在这种希望的鼓励下，相信你的人生之路将更加精彩，人生航程将越行越远！

日　　记

2 月 17 日

这两天忙着筹备社团活动时才猛然发现，自己没干过的、不了解的、没经验的事情实在太多了。从没写过策划案，处女作一出手就立毛病百出，太过简单和苍白，对出现问题的解决方法也没有很开阔的思路。今天听康旭源和杜烊铭对各种问题的处理建议令我眼前一亮，同时也有些自惭形秽。我才发现自己还有很多路要走，有很多东西要学，有很多东西要去经历，只有这样，才能在应对各种难题时游刃有余。我觉得现在的我就好似在黑暗的山洞中穿行，借着洞口隐约透进的微弱光亮，慢慢摸索着前进。虽然在跋涉的过程中总是碰得鼻青脸肿，状况百出，但经验和阅历却在一点点丰富着，能力在逐渐提升着，许许多多的第一次正在被创造着。第一次写策划方案，第一次组织开会，第一次……

很庆幸，在这次活动中，我还认识了一些平常无法接触到的人，并从他们身上找到了自己所要努力的方向，希望自己能从与这些优秀人才的交往中有所收获。

人的一生总会经历从无到有、从生疏无助到游刃有余的过程，一回生二回熟嘛。虽然我现在还做得不够好，但我已经尽最大努力去完善了。我相信在不断的失败，学习，再失败，再学习的过程中我会走得更远，走得更好。

2月23日

回顾高一下学期开学近三周以来的学习生活，心里充满了踏实和快乐，这不仅因为对学习内容的掌握比较满意，还源于我组织能力、思考能力的提升。

首先说学习，以“过来人”的角度看上学期的我，在对“她”感到有些滑稽的同时也有些许同情。那时的我不适应高中紧张忙碌的学习生活，天天陷在题海里不能自拔，难题折磨得我痛不欲生，数理化作业还常常完不成，更别提本应重点攻克的史地政了。只有在期中、期末考试前才有机会恶补一下，往往是弄得头晕眼花，内心的苦闷无以言表。还有就是我上学期最头疼的生物了，记得刚开学时，我曾信心满满地要文理兼长，认为拿下生物不在话下。可事实却并不如愿，生物课学得似懂非懂，总怕上课被提问……诸如此类，让我的心情整日笼罩在乌云下，时不时还会下几场小雨，暴雨也间或光临，那时的我总想放假喘口气，让自己的脚步快些，再快些，不要掉队，可总是在疲惫的追赶中摔得遍体鳞伤，总想快点过完倒霉的高一，早点开始我幸福的高二生活——我崛起的黄金时代。

方法对路，效果总是事半功倍。为了在生物、化学上不掉队，历史、地理、政治样样抓。我和妈妈商量了一个以前从未使用过的方法——课前先把内容预习完，并直接写完练习册，等老师讲完课后再温习一遍错题，并将错题在当天总结在错题本上。虽然后面总结错题的步骤因为其他事太多而没有实现，但前面的步骤着实让我的听课效率大大提高。在别人对本课只知皮毛的时候，我已经能从一道道题目中总结出规律了，上课自然轻松许多，晚上也没有硬性的练习要做，时间都用来自己安排预习内容，那种“把老师甩在后面”的感觉真是妙不可言。

细细回顾这段时间的学习，发现自己不仅将上学期根本无法完成的史、地、政、生练习册一课不落地写完了，生物学习也逐渐找到了感觉。更重要的是，每天心情舒畅，思维敏捷，数理化英的作业甚至第二节晚自习没下就写完了。回到家就有一种时间主人的感觉，随心所欲，不必像上学期那样疲于奔命，每天心情烦躁焦虑，那种以前听说别人能把数理化生作业都完成，就羡慕崇拜得不得了的感觉荡然无存。相反，我觉得作业并不是很多，把史地政加上也不是没有可能。看来，心情舒畅和方法对路加起来真是效率提高的关键。不过还是有需要完善的地方，比如错题总结总是因为要预习而耽搁，总是有其他公事占用了总结时间，这还要改进一下。

6月5日

明天就要高考了，对很多人来说，这可能是一生中最重要的日子，尤其是对即将参加人生大考的高考学子们来说，也许明天就决定了自己一生的发展轨迹。

十二年的寒窗苦读，在浩瀚的题海书卷中，他们挥洒着汗水，流淌着泪水，播散着努力的种子，等待收获成功的果实。十二年的彷徨与孤寂，十二年的坚持与奋进，都将在明天的拼搏中见证。他们走上考场的心情究竟如何？紧张，抑或有些许兴奋？胸有成竹，抑或忧虑重重？我们不得而知。对于稚嫩许多的我们，也许只有等亲身经历过才能体会那种十年磨一剑、宝剑将出鞘的感觉吧。

想起一年前，刚刚登上展翅楼的我们还是一群稚气未脱的小娃娃，幼稚、任性、贪玩，在一群高中生里一眼就可以分辨出哪个是刚上高一的小朋友。而经过这匆匆一年的磨练、煎熬和成长，同学们都变得成熟了许多，老练了许多，或许是打击和痛苦让原本稚嫩的脸都多了些许沧桑，这就是成长吧！

站在楼上，看那些明天就将走进人生考场的高考学子们仍在教室里奋笔疾书，那专注的神情和坚定的目光带给我很大的触动。两年后的今天，我也将像他们那样，为自己的梦想做最后一搏，虽不知结果如何，但我一定会让过程无悔，不负十年寒窗读书苦。亮剑，定会剑锋所指，所向披靡。

6月14日

突然袭击的半月考终于在今天尘埃落定，想想这次考试所经历的过程，简直可以用惊心动魄来形容，大家仅有半天的时间复习文综，对我来说，更是仅有一个晚上。因为我狠了狠心还是决定下午好好听课，不因为一次考试乱了阵脚。于是乎，全班的文科生几乎只有我始终坚挺地屹立在理科的课堂中，听课思路始终行云流水，心里别提多痛快了，虽然自己那三门几乎看都没看。

既然考验不期而至，何不从容些呢？我一直奉行努力“在平时，突击无用论”，这次面对如此紧迫的文科考试，压力还是挺大，但最后还是用平和镇定的心态完胜这群慌不择路的同志们。

这次考试最大的败笔莫过于数学了，怎一个“惨”字了得，等到成绩出来都欲哭无泪了。要是数学稍再给力一点，这次可能就无敌了。唉，好好努力学习数学吧，争取给高一生活画个圆满的句号，让高二继续精彩！

6月18日

半月考文科年级第一！里程碑式的成绩啊，好久没有这么扬眉吐气了。虽然有偶然，也有失误，但这的确是一个激动人心的消息，也为分班后的崛起打下了坚实的基础，同时也更加坚定了自己“功夫下在平时，绝不临时抱佛脚”的学习原则。加油！

8月5日

今天算是高二新学期的第一天，考了一整天试，早上七点半开始，到晚上九点半结束战斗，很累，也想了很多。

分班了，旧日熟悉的面孔也许不会再时常映入眼帘，曾经的欢声笑语已成为过往，黑板上大大的“249 不后悔”很煽情，让无数人为之驻足、为之动容。新的起点，不放下过去，如何开启未来?

狠狠地学了一个假期，我超越了自己，创造出一个又一个以前想都不敢想的奇迹，我可以拍着胸脯自信地说：“假日我没有一天放松过!”整整二十天，天天都是早上 6:30 起床，一天都没有中断过，有收获但觉得还需要学习的东西太多了，知识需要再加强、再巩固。

明天就正式上课了，高一的辉煌又彻底地结束了。分析自己的优势，就是全面，各科均衡，而劣势，也是全面，高一九门课程全抓，在文科生中我理科独占鳌头，理科生中我文科几无对手，于是综合排名我便名列前茅。但到了文科班，这种优势将不复存在，文科六门课中，我几乎没有任何一门是比别人强很多、能帮我提分的拔尖学科。在新的征程中，我也许要忍受从前比我差很多的人名次排在我的前面，我要忍受自己可能拿不到前三名的凄凉心境，我也要忍受那种努力半天却收效甚微的痛苦。

不管怎样，这是个充满机遇和挑战的学期，我要告诫我自己：

第一，学习俞敏洪，不要排斥强者，真心向他们学习，待人热情真诚。

第二，不理会外界纷扰，订好计划，做我自己。

第三，谨言慎行，管住自己的嘴。

第四，善待那些暂时受到冷落的同学，尊重每一个人。

第五，努力用宽容和热情的心态对待你厌恶的人，努力与他们交朋友。

新的起点，我相信自己会走得更好！

8月6日

今天是文理科正式分班的第一天，在这具有特殊意义的一天里，我想带着一种庄重而严肃的心情对自己的高一生活作一个回溯和总结，并对今后的学习生活确定一个清晰的目标和原则。

追溯高一，总体来说是比较成功的，文理均不偏废，齐头并进，每次考试都能取得不错的成绩，与同学们相处得也很融洽，几乎没有什么不愉快，大家亲如一家。但凡事都无法苛求完美，存在的许多问题也必须承受血淋淋的揭疤之痛。一件憾事就是团支书工作没有尽力。这一年来，坦诚地说，团支书工作我没有太用心，至少不是我所期待的那样，大多数情况下它只是个虚衔，一份拿得出手的荣誉而已，对班级建设没有发挥出更大的作用，这让我深感不安。另一件就是容易骄傲。因为初中是保送生，但去美国游学半月误了分班考试进了普通班，这种经历让我“出名”。后来又因成绩优秀多次受到学校大会表彰，名声在外，所以在别人眼里我的传奇色彩比较浓。在第一次文科考试中我一举夺得年级第一。这两个被我爸爸归于共振中的两大主体翘尾因素，让我在前进的路上几度迷失，不自觉地就心高气傲起来。

面对崭新的学期，崭新的班级，我也想成为一个崭新的我，对此，我为自己定下几条原则：

第一，论文科，我不一定是最强的，但我要做那个最踏实的，不被名次所累。

第二，对任何人、任何事都要充满热情，以诚恳的态度与别人相处。

第三，对工作认真负责，尽职尽责。

第四，尊重所有人，不歧视比自己差的同学，不盲目羡慕强者，而

应从他们身上汲取营养。

总之，今天是个开头，以后的路还很长，但我已经整装待发。不会畏惧，不会退缩，不做跑得最快的，努力做走得最远、笑到最后的胜利者。

人有时要逼自己，逼出自己的潜能，不逼你怎么知道你能做成那些看起来艰难无比的事呢？就像武松，不逼着自己，硬着头皮走上景阳冈，不逼着自己与猛虎搏斗，又哪里能成为威名远扬的打虎英雄？

“逼”出成绩，最近在数学学习中我越来越体会到“逼”自己所创造的成绩。以前一想到每天学几个小时数学，总觉得这是根本不可能完成的任务，但迫于提升数学成绩的强烈愿望和现实学习中激烈的竞争，我为自己的暑期安排了满满的计划。刚开始还有点不太适应，最近越来越找到了感觉，竟然真得完成了如此繁重的学习任务，这不能不说是一大进步。

其实，人生的许多大事都是一步一步做出来的，都是自己逼自己做出来的，都是勉为其难做出来的。要想做成一件事，就得有抛弃一切、心无杂念的决心和意志，只要奋力前进，没人能阻挡你前进的脚步。

7月20日

“一日之计在于晨”，这句流传甚广的俗语道破了有效利用时间的奥秘。

乔布斯年轻的时候，每天早上四点半起床，在早上九点半之前就能够将一天的工作全部完成，然后他就可以有充分的时间去做自己喜欢做的事了。

早晨，是一个人一天当中头脑最清醒、精力最充沛、效率最高的时候，如果紧紧抓住早晨的时光，你就会发现自己这一天过得很充实、很快乐。

从前的假期，我总认为睡不够 8 个小时头脑就不清醒，每天最多也就能干那么几件事，还天天标榜自己很刻苦，早上 8 点就起来了。但现在，由于竞争的巨大压力和对梦想热切的渴望，在这个让人昏昏欲睡的暑假，我已经成功地连续 12 天早上六点半起床了。除去游泳、吃饭、午休，我几乎把所有的时间都投入到了学习中。早起，让我多做了不少功课，效率大幅度提高，这是自己曾经想都不敢想的庞大课业量。早晨六点半起床，背语文作文，积累的事例、语句，积累的英语单词，背宋词，预习数学新课配套教育网站和参考书，预习史地政一课，攻克前几本书掌握不牢的部分，做英语听力，做英语高考题，语文作业，背学过的史地政以准备考试，还有读书、写作……看起来很可怕的安排经过实践已被我轻松拿下，而且由于早上时间抓得紧，加上每天一个小时的游泳调节，效率越来越高，甚至创下了三天读完一本《蒙曼说唐〈武则天〉》的记录，整天过得忙碌而充实，劳累并快乐着，这不能不说是早起的功劳。

反观我所知道的两个同学，经过高一一年的折磨已经疲惫不堪，加之对未来不甚明晰的目标，整日过得懒懒散散，睡到十来点才起床，磨磨蹭蹭吃完早饭，一上午的时间就没了，还整天抱怨睡觉时间太少，作业太多，总也写不完。

其实，人的差距就是这么一天天拉大的，想一想，你去拿什么和别人竞争呢？考完试后，看到别人骄人的成绩，然后羡慕嫉妒恨，抱怨自己不如别人聪明，可是你哪里知道人家每天焚膏继晷，刻苦学习呢？

所以，要进步，首先要做到的就是早起。记得有一句话曾经给我很大的触动，并成为我想要睡懒觉时的警钟——每天早上醒来，你都有两个选择：醒来，继续睡，去完成未完的美梦；醒来，站起来，去实现自己的梦想。我想，要想圆梦，“站起来”的苦你必须吃！

青春的飞扬

QINGCHUNDEFEIYANG

这是一本当代中学生真实的心灵日记，一名优秀中学生“志存高远、脚踏实地”的求学历程。本书不但在讲学习，讲经历，更是在讲生活，讲新世纪一名中学生的智慧，看完之后，你仰望苍穹，会有种“直挂云帆济沧海”的感觉！

——张煜（山西大学附属中学语文教师、西藏部主任，
山西省教学能手，山西省优秀班主任）

三八节写给妈妈

亲爱的妈妈：

您好！今天是“三八”妇女节。在此，我想以一首诗来表达我对您的爱以及对您养育之恩的感谢。

十月怀胎，是您养育了我，从蹒跚学步，到吟诗作赋。

几年时光，是您教育了我，从读书认字，到怎样做人。

您给我写的一封封信，

虽没有华丽词藻，

粉饰的外衣，

但这些信里饱含着您对我的爱。

您的一封封信，

曾教育我善待别人，就是善待自己；

告诉我有朋友的人是最幸福的，要对别人真诚；

指引我宽容一点，给自己留下一片海阔天空。

不论学习，还是生活，

您对我的关心总是无微不至。

忘不了我生病时您焦急的面庞，

忘不了我摔倒时您疼爱的笑容。

您是我的第一任老师，也是指引我迈向成功的明灯！

在此，我想真诚地对您说一声：谢谢！

祝妈妈心情愉快、身体健康！

2007年3月8日

与藏族同学谈学习

11 月 15 日，第二节晚自习，我与孟可同学来到藏班高一 252 班、253 班交流期中考试有关内容及学习方法。藏族同学都非常热情。交流内容主要包括以下几项：

一、时间安排问题

藏族同学普遍感到时间不够用，作业写不完，每天上课打不起精神，听课效果不好。针对这样的问题，我们从自己的亲身经历出发，给出了相应的建议：

(1) 前一天晚上尽量早点睡，不要熬夜到太晚，否则，既影响第二天的听课效果，又对身体不好。要形成良性循环，提高学习效率。

(2) 尽量在课堂上将知识全部接受，理解清楚老师讲的知识点，节省课下复习时间，有问题及时问老师。

(3) 当日事当日毕，不把难题向后拖延，节省考前复习时间。

(4) 保证一定时间的午休，确保下午听课效果。

二、理科学习问题

藏族同学感到数学较难，理解起来比较困难，不会做作业，做错的题很多，我们给出的建议是：

(1) 利用周六、周日的时间把一周的错题总结到错题本上，一边总结一边思考，写出题的完整解答过程及方法推广，包括自己的心得体会等，将错题彻底吃透，做一道就会一道。

(2) 将化学、物理学科与实际生活联系起来，把数学当成解决问题的有效工具。

三、文科学习问题

藏族同学感到《历史》背了就忘，《政治》比较难理解，《地理》的空间想象较困难。我们从自身经验出发，给出的建议是：

(1) 当天学的知识当天巩固，趁热打铁，记忆的印象更深刻，在平时就把基础打牢，熟悉教材。

(2)《政治》必修一是经济问题，要多联系生活和书、报刊中提到的经济学名词，理解其中的逻辑。

(3) 最重要的是听课，紧跟老师思路，理解记忆。

四、英语背单词问题

藏族同学感到单词背不会，背了就忘，也不知道新背会单词的使用方法。对此，我们给出的建议是：

(1) 利用零碎时间，如上下学路上等空闲时间，用小本将单词积累好，有空就背，多重复，多复习。

(2) 将单词放在句子中背，活学活用。

五、考试紧张问题

藏族同学感到考试难，很多题不会，就着急紧张。我们的建议是：

(1) 把工作做到平时，把基础打牢，考试自然不会焦虑。

(2) 考试时把心态放平，每临大事要静气，静下心来做题，往往会有意想不到的好结果。

这次交流，我感受到了藏族同学的热情和他们渴望学好知识的急切心情，也非常荣幸能把自己的学习心得与他们一同分享，衷心希望他们

能在接下来的学习中更上一层楼。

优秀团员干部代表发言稿

尊敬的各位领导、老师，亲爱的同学们：

大家好！

我是来自高249班的李真，现任高249班团支书、校团委组织部干事。今天，非常荣幸能够站在这里代表所有优秀团干发言。

同学们，今天是一个神圣的日子。从今天起，你们就有了一个新的身份——光荣的共青团员。从今天起，你们身上就担负了新的使命——为实现共产主义而奋斗。共青团是广大青年在实践中学习中国特色社会主义和共产主义理论的学校。今天，学校的大门向你们徐徐打开，迎接你们的将是无限壮丽的风景。

作为一名老团员，我比你们先领略到门内世界的美丽，所以我想和你们分享一下我在共青团这所学校所学习到的、感受到的、收获到的。高一刚开学，我很荣幸地成为了班上的团支书和校团委组织部干事，但那时的我并不清楚作为团员干部应该干什么，为人处世也略显拘谨。在接到要组织高一年级自主招生模拟面试的任务后，我非常紧张，因为这个活动是没有先例可循的，所有的程序、规则、方案都需要从头开始，自己又没有类似经验。但办法总比困难多，在老师的支持和同学们的帮助下，这个活动还是红红火火地开展起来了。在组织这次活动的过程中，我丰富了自己的人生经历，增长了见识，增强了与人沟通交流的能力、解决突发问题的能力、应对挫折的能力，都受益匪浅。

同学们，青年一代的我们，是社会中最朝气蓬勃的一个群体，团员青年是校园文化活动的主力军，是未来社会主义事业的接班人，而你们从今天开始，也将成为这个光荣群体中的一员。希望新团员们能够发扬优良作风，严格要求自己，提升道德境界，成为一名合格的优秀的共青团员！最后，想用晋朝葛洪的一句话与大家共勉，“学之广在于不倦，不倦在于固志”。我们要在有中国特色社会主义这条大路上坚定信念，坚持不懈地为祖国的未来而奋斗。

祝愿同学们能够在今后的人生道路上走得更远，走得更好！谢谢大家。

竞选团支部书记演讲稿

各位老师、同学们：

大家好！我是李真，今天要竞选的职务是团支部书记。能够成为这个精英汇聚的班级中的一员，我感到非常荣幸；能够站在这个光荣的讲台上说出自己的心声，我更是激动不已。有人说，从事一项事业的原动力是热情，那是一种从心灵迸发出的力量，驱动你奔向光明的前程。我认为自己就有这种热情，希望为大家服务的热情，也衷心希望大家能给我这个机会。

先说说共青团的性质。中国共产主义青年团是中国共产党领导的先进青年的群众组织，是广大青年在实践中学习共产主义的学校，是中国共产党的助手和后备军。就像团歌唱的那样：“我们是五月的花海，用青春拥抱时代；我们是初升的太阳，用生命点燃未来。”我相信，在我们大家的共同努力下，一定会创造出更美好的明天！

下面简单介绍一下我自己。初中我就是在山大附中上的，对附中的环境和各种活动比较熟悉，初一全票当选体委，初二、初三竞选当上班长。在学习方面，我严谨认真，刻苦钻研，所以很荣幸地被保送上了附中，没有参加中考。这个暑假，我去美国游学半个月，误了分班考试，所以我又很荣幸地能够和大家共同学习、生活。我团结同学，和同学相处融洽，互帮互助，共同进步，我曾鼓励并成功地帮助了一位成绩欠佳的同学重新找回自信。我多次被评为三好学生、优秀班干部和优秀团员。在组织能力方面，我曾经组织了班里的乒乓球赛，取得了圆满成功；中考体测前的大小事务包括填表、照相等都是我和另一位班长负责的。体测时，我所在的组互相鼓励，互相支持，研究战略技术，最后取得了 12 个人 10 人满分的骄人战绩。运动会我不仅积极参加，多次取得百米第一名，还帮助班级训练团体项目，取得了很好的成绩。甲流期间，我负责天天报送体温。我还组织策划了毕业前的元旦联欢，负责收集材料，制作毕业留念光盘等……我相信自己有能力做好团支部书记的工作，也希望能够得到大家的信任和支持！

如果我能当选团支部书记，在学习上，我会继续努力，协助学委工作，和大家共同讨论，共同进步，营造一种“比、学、赶、帮、超”的浓厚学习氛围；在生活上，我会团结同学，关心同学，对同学们在学习生活中遇到的问题尽我所能地帮助解决，我也很乐意分担同学们在思想上的困惑；在班级事务上，我会认真负责，与班长密切配合，形成一种合力，组织各种活动、比赛，充分发挥每一位同学的才能，激发每一位同学的潜能！我有决心，也有信心，在接下来的学习生活中和大家一起成长、一起进步、一起努力，用事实证明咱们 249 班是最棒的！

最后，我想说，无论竞争结果如何，我都会以一颗热忱的心为大家服务，也希望大家能给我一个机会，我不会让大家失望的！

我的演讲结束，谢谢大家！

竞选校团委组织部演讲稿

尊敬的评委老师；

大家好！我是来自高249班的李真，我要竞选的部门是组织部。

先介绍一下我的个人基本情况。我初中时就是山大附中的学生，中考免试保送进入高中学习。初一时，全票当选体委，组织过班里的乒乓球赛，取得了圆满成功；积极参加运动会，多次取得百米第一名，还帮助班级训练团体项目，取得了很好的成绩；初二、初三竞选当上了班长，与同学互帮互助，相处融洽，把班级事务管理得井井有条，多次被评为三好学生、优秀班干部、优秀团员，在同学中有较高的威信。初三时组织策划了毕业前的元旦联欢，设计活动，联系酒店等，有较好的沟通组织能力，还负责收集材料，制作毕业留念光盘；高中竞选担任班里的团支书一职，并在刚刚结束的演讲比赛中获得一等奖。

中国共青团是中国共产党领导的先进青年的群众组织，是广大青年在实践中学习共产主义的学校，是中国共产党的助手和后备军。我认为作为团的干部，必须严格要求自己，做同学们的表率，学习上刻苦努力，对同学们出现的思想问题及时纠正和疏导，做好团组织交给的各项工作，牢固树立起强烈的责任意识和服务意识。

有人说，从事一项事业的原动力是热情，那是一种从心灵迸发出的力量，驱动你奔向光明的前程。我认为我就有这种热情，为团组织服务、为同学服务的热情，也有能力做好团组织的工作，希望各位老师能给我一个机会，我一定不会让你们失望的！

谢谢！

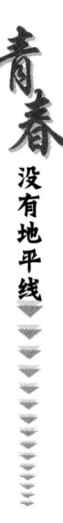

文学沙龙讲座稿：一个笨小孩的涅槃之路

——曾国藩给我们的启示

亲爱的同学们：

大家好！今天很荣幸能够在这里与大家交流读书心得，分享读书体会。由于水平有限，有些讲解不到位的地方还望大家海涵。

今天我想要跟大家分享的是中国近代史上一个备受关注又备受争议的人物，他被称为“晚清中兴名臣之首”，又被称为中国近代史上最后的理学大师和一代大儒。他一生既开启了号称近代变革之始的洋务运动，享誉古今，又率湘军扑灭了太平天国农民起义，身后骂名累累。章太炎评价他时曾说：“誉之者则为圣相，谳之者则为元凶。”他既为孙中山、章太炎、范文澜等人所不齿，但又拥有毛泽东、蒋介石、梁启超、冯友兰这样的铁杆粉丝。他就是我们今天要讲的曾国藩。

抛开政治上功过是非的争议不谈，我今天想要跟大家分享的是作为近代中国历史上呼风唤雨的人物，出身普通人家，资质平庸，曾经有着和我们一样毛病的曾国藩是怎样一步步超越自己走向成功的，他的成长历程对正处于中学时期的我们又有何借鉴意义。

所以，在今天的交流中，我想从以下三方面谈谈曾国藩带给我们的启示。

一、曾经的笨小孩——没有天才

“固非有超群绝伦之天才，在并时诸贤杰中，称最钝拙”。

——梁启超

我们都知道，梁启超对曾国藩是极为推崇的，他对曾国藩的评价极高，认为他是有史以来很难见到的极其杰出的人物。但就是这样一位铁杆粉丝，还说曾国藩“固非有超群绝伦之天才，在并时诸贤杰中，称最钝拙”。那么，我们就从接下来的这个小故事中，挖掘一下这个笨小孩身上隐藏着的大能量。

公元 1825 年，也就是第一次鸦片战争爆发前的 15 年，一个“山雨欲来风满楼”的时代。一个腊月里数九寒天的晚上，在湖南湘乡一户人家的一间小屋子里，一个 14 岁的男孩儿正在刻苦地用功读书。要是问大家冬天最温暖最舍不得离开的地方是哪儿，我想大家肯定会说：是被窝。没错，因为在腊月里，古代又没现在这么好的采暖设备，所以一般人家早早地就熄灯睡了。这样恶劣的天气，大家都是能歇着就歇着，也就只有一种人还愿意在这种条件下工作，那就是小偷。

话说就是这天晚上，有一个小偷早早地趴在了这户人家的屋梁上，就等这家人都熄灯睡了，他好下来偷东西。小偷看到这个十几岁大的孩子正点着灯背古文，要说这篇古文也不算长，就是像范仲淹《岳阳楼记》那样的文章。我想在座的各位可能花一个晚自习就解决了，那个贼也是这么想的。再加上这么冷的天，这小孩背不了多长时间，所以这小偷就打定主意，等小孩背完了，自己再下手。可没承想，这小孩太笨，折腾半天就是背不会，“庆历四年春，滕子京谪守巴陵郡……百废俱兴”他一遍遍读，一遍遍背，读是慢得要命，背是磕磕巴巴，这可把梁上那位急的，听得心都碎了。要说这贼文化水平也不高，可就是偷听这小孩这么一句句读，一遍遍背，来来回回十几遍下来了，可让他奇怪的是这小孩还是背不顺。没办法，干小偷这行也得讲点职业操守，所以他就趴在那房梁上等着。这样又过了大半夜，贼都趴着睡了一觉了，睁眼一看，那小孩还在那儿背呢。就这样，这个贼醒了又睡，睡了又醒，天都快亮了，发现小孩还在背，这可把贼气坏了。心想：哪有这么笨的小孩，连这都背不会，还害得自己冻了一晚上。所以义愤填膺，就从房梁上跳下来，一把夺过小孩的书，“啪”地一声摔在书桌上，边摔边气愤地说：“瞧你笨的那样！这破文章有什么难背的?”接着就背道“庆历四年春，滕子京谪守巴陵郡……”把这篇文章背得有如滔滔江水，绵绵不绝，听得那小孩目瞪口呆。等贼把书背完，又掐着那小孩说：“瞧你笨得那样，还读什么书啊！”说完这贼一甩袖子，东西也不偷了，一脸激愤地扬长而去。

要说这个聪明的贼是谁，我们谁也不知道，可那个一晚上连篇古文都背不下来的笨小孩，就是日后大名鼎鼎的曾国藩。所以说，曾国藩天资着实平庸，并不是一个少年天才，那么他的成功之道就更值得我们借鉴。接下来我们就来探究一下曾经的笨小孩是如何一步步修炼，获得日后成功的。

二、修炼之路

（一）静以修身——养得胸中一种恬静

方才我们说到曾国藩天资平庸，身上也有很多和我们一样的毛病，其中之一就是浮躁，这里暂时借用课本中插图来让大家对年轻的曾国藩有个比较直观的感受。

曾国藩身上有着根深蒂固的轻浮和浮夸的毛病。开始在翰林院的时候，一来因为考中了进士而春风得意，二来因为日子闲得很，渐渐地就开始得意忘形了，尤其是忘了自己少年时立下的远大志向。他嘴上说着要努力成为儒学宗师，理学传人，但和一帮朋友天天就只聚在一起吃喝玩闹，三天一小聚，五天一大聚，聊聊美女，谈谈八卦，净是些不务正业的事儿。

有一次，他把老父亲从湖南老家接到京城享福，可老父亲住了没几天就嚷嚷着非要走，怎么劝都不行。没办法，曾国藩只好又把老父亲送回老家。过了不久，老父亲寄来一封家书，信中给了曾国藩三条忠告：节欲、节劳、节饮食。据说，曾国藩在看了他爹的信后，当时脸就红了，可见，曾国藩身上有些缺点是连他爹也看不下去了。

但曾国藩之所以能成为日后的曾国藩，很重要的一点是他勇于面对自身缺点，并能下定决心改掉它。为此，曾国藩有一句名言："不为圣人，便为禽兽。"可他又是怎样由一个不务正业的纨绔子弟变为沉稳淡定的一代宗师的呢？

他先是给自己立了三戒"戒多言、戒怒、戒忮求"，简称"曾三戒"。"多言"，是言多必失；"怒"，是心浮气躁；"忮求"，是嫉妒和贪求。虽说不是"曾八戒"，可他要改正错误的决心之大也可见一斑。说起来容易做起来难，等实际操作起来还是说一套做一套。他每天写日记的时候，还是自怨自艾，后悔不堪。于是他就去拜理学大师倭仁和唐鉴为师，虚心向他们求教可以改正自身缺点的办法。

倭仁也是唐鉴的学生，他教给曾国藩两个方法：

1. 要慎独。就是说君子在没人的时候也要始终如一，诚以对人，诚以对己。这种方法缺乏可操作性，在这里就不再深入说明了。

2. 记日记。一个人最不容易原谅的是别人，最容易原谅的是自己。敢于把自己每天所思所得，所犯错误和教训记下来，敢于面对自己，才能时刻保持警醒，逐渐把自己的恶习根除掉。

话说这曾国藩听了倭老师的办法，如获至宝，回家就一丝不苟地执行起来，他对自己错误的深刻反省简直就是一部东方的《忏悔录》。记是记下来了，骂也是把自己骂了个狗血喷头，可事到临头，问题依旧。所以日记里的悔恨情绪依旧如滔滔江水，绵绵不绝。

比如，他在日记里说："自立志自新以来，至今五十余日，未曾改得一过"，就是说，过了五十多天了，老毛病一条没少，该无聊还无聊，该聚会还聚会。

所以，他一天发狠地说："此后直须彻底荡涤，一丝不放松。从前种种譬如昨日死，以后种种譬如今日生。"就是发狠说，昨天的我现在就算死了，明天的我一定要改正缺点，要有如新生。这豪情这壮志，看得人热血沸腾。结果没过几天，他又在日记里忏悔"忽忽已过两月，自新之志日以不振，愈昏愈颓，以致不如禽兽。昨夜痛自猛醒，以为自今日始，当崭然更新，不终小人归。"就是说，自己越来越差了，简直就是禽兽不如。所以，一再要自己痛自猛醒，否则，做不了君子，最终要成小人。

他的这一段生活经历，用鲁迅先生的两部作品来形容最为恰当，那就是《彷徨》和《呐喊》。他是每天反省每天彷徨，每天彷徨完，再声嘶力竭地在内心呐喊，所以，他就很痛苦。

这时候倭仁的老师唐鉴教给了他一个非常有用的方法。唐鉴的方法只有一个字，但却切实可行，那就是——静。唐鉴说："若不静，省身也不密，见理也不明，都是浮的！总是要静，最是静字功夫要紧。"曾国藩听了这话，有如醍醐灌顶，回去就又一丝不苟地执行，也就真的靠这个"静"字超越了年轻时那个华而不实的曾国藩。那么他是怎么做到的?

首先是"静坐"。禅宗里最讲究静坐，要求双盘式打坐，就是左脚放在右侧大腿根上，右脚放在左侧大腿根上，这一般人根本做不到。曾国藩所说的静坐与禅宗里所说的"打坐"并不一样，他认为双盘不双盘并不重要，只要能做到静坐的形式就行。

但同时他也提出了在静坐时要防范的两种情况：一是"其不能静，有或扰之，不目憧憧往来"。也就是但凡有点动静，就会引发他的思绪万千，很容易受环境的影响，这种静坐是不成功的。还有一种是"深闭固拒，心如死灰，自以为静"也就是死寂一般的安静，这种安静其实是一种弃世或说是出世的静。曾国藩不认可这种静坐，认为这是没有生机的，对修身养性没什么好处。

曾国藩所主张的“静”是“一阳初动万物资始者，庶可谓之静极”。意思是说，真正的静是潜伏，是蕴积，是在安静状态中积蓄一点生动的意念来，既安详又充满生机。曾国藩一生都认为静坐十分重要。自唐鉴教导他后，他就养成了每日静坐的习惯，也就是找个没人的地方，独自安神静气地坐一会儿。这样的功效果然不一般，没过多久，他身上浮夸的毛病就渐渐改掉了。

其实，大家也可以学习这种方法。课间休息、课外活动时间、吃饭的时候，独自安神静气地坐一会儿，理一理思绪，也许可以更好地提高学习效率。

除了静坐之外，曾国藩练“静”还有很重要的一点，就是临事不躁，淡泊宁静。现在我们的学习任务重压力大，一遇到月考，半月考就急躁，这样不仅做不好复习工作，也不利于身体健康。所以说同学们在每天的学习中也要注意锻炼自己的淡定心态，才能更好地应对考验。

（二）贵在坚持——无一日不读书

心静了，接下来就是要不断学习，充实自己。曾国藩能从一个笨小孩成长为一代大儒，读书起了很大作用。那书要怎么读才对呢？对此，曾国藩也给出了自己的意见。

总的来说，他教给孩子的读书方法主要有三条：

第一，要读经典。

因为曾国藩自己就是标准的儒家知识分子，所以他教曾纪泽读书，从小就很有规划，主要是以《十三经》和《二十二史》为根本。知识性的东西会随着时间而不断更新，但思想性的东西，智慧性的东西，越经过时间的沉淀就越有学习价值，所以，读书的最大捷径，就是读经典。

读经典要精读，而不可泛泛地浏览。泛读就是胡子眉毛一把抓，抓到什么读什么，虽然这也能学到不少东西，但学得多，忘得也多。精读就不一样，能吃得深，吃得透，才能保证所学的东西真正成为自己的东西。

第二，“一书不尽，不读新书”。

就是说一本书没读完的情况下，不要急着读另一本书。国学大师王国维也说：“学习的境界要先入乎其内，才能出乎其外。”读书也一样，一本书，你要先能沉浸进去，你才能最终获得有价值的东西。

读书的时候还要能做札记，边看边写，要把读书时的所感所想，不论是心得体会，还是疑惑不解的地方，都要能随手记下来，这样才能真正将书中思想内化为自己的思想。后来，胡适先生就对曾国藩这种读书做札记的方法极为推崇。

第三，要培养自己的读书兴趣和方向。

别看曾国藩是一个传统的理学宗师，他的教育思想却一点也不保守，这一点在他对两个儿子的培养上可以很明显地看出来。

老大曾纪泽不喜欢科举考试，不喜欢八股文，喜欢西方的语言学和社会学，曾国藩就鼓励他按自己的兴趣方向去读书，最后曾纪泽成长为我国近代史上一位杰出的外交家，为伊人犁的回归立下了不朽的功勋。老二曾纪鸿从小就对数学表现出浓厚的兴趣，曾国藩就鼓励儿子专心研究数学，主张儿子向当时杰出的科学家李善兰、华衡芳等学习，这在保守而中庸的中国传统社会是难能可贵的。

兵法上讲“善用兵者，以长击短而不以短击长”，在自己擅长和喜欢的领域努力奋斗，不仅事半功倍，还能在奋斗中享受到乐趣。

到这里，有的人也许就会说了，现在学习这么忙，哪有时间读书呀？就课本和参考书还读不过来呢！那么曾国藩是怎么挤时间读书的呢？

曾国藩在着手办团练之后，公务繁忙，尤其是在太平天国运动如火如荼的时候，他肩上担负着挽救清王朝的重任，更是日理万机。就在时间这么紧的情况下，他仍给自己定下“日课十二条”，并且一丝不苟地执行。

先来看一下“日课十二条”的内容：

1. 主敬：整齐严束，无时不惧；无事时心在腔子里，应事时专一不杂，如日之升。

2. 静坐：每日不拘何时，静坐半时，体验静极生阳来复之仁心，正位凝命，如鼎之镇。

3. 早起：黎明即起，醒后勿沾恋。

4. 读书不二：一书未读完，断不看他书。东看西阅，徒循外为人。每日以十页为率。

5. 读史：二十三史每日十页，虽有事亦不间断。

6. 日知其所亡：每日记茶余偶谈一则，分为德行门、学问门、经济门、艺术门。写日记须端楷，凡日间过恶——身过、心过、口过——皆须一一记出。

7. 月无忘所能：每月作诗文数首。

8. 谨言：刻刻留心，是功夫第一。

9. 养气：气藏丹田，无不可对人言之事。

10. 保身：谨遵大人手谕，节欲、节劳、节饮食。

11. 作字：早饭后作字，凡笔墨应酬，皆当做功课。不可待明日，愈积愈难清。

12. 夜不出门：旷功疲神，切戒切戒。

其中对我们很有借鉴意义的，我认为是两点：第一就是坚持读。第二就是做计划。给自己规定每天读几页，抽空就读，慢慢地你就会发现自己已经读完很多书了。

三、包羞忍耻是男儿——百炼成钢

我记得范冰冰在回应别人对她的质疑和批评时曾说过一句话：“我能承受多大诋毁，就能受住多少赞美。”对此，曾国藩也有一句名言：

“是好汉，打脱牙，和血吞。”曾国藩一生，失败了无数次，受尽屈辱和排挤，有几次甚至被逼得想跳江自杀，但他最终挺过来了，将所受的屈辱和打击化为前进的动力，在痛彻心扉的磨砺中实现了华丽的蜕变。

下面就来看他的一次受辱经历，从中学习他坚忍不拔，在失败和痛苦中坚强地爬起来，发奋图强的精神，这种精神对我们的学习也是很重要的。

先介绍一条背景知识：当时清王朝抵御太平天国军队的主要是两部分武装，一部分就是清政府的政府军——八旗和绿营，是正规军。另一部分就是各省各地办的团练，也就相当于自卫武装，平时就是维护一下当地治安，类似于民兵。八旗和绿营当时已经腐朽不堪，都是些兵痞，一说打仗就吓得逃跑，欺负起老百姓来绝不含糊。而在别人眼里，团练不过是一群乌合之众，曾国藩下定决心要把他这一干团练训练成一支战无不胜的军队。

要打造一支铁军，就一定要有艰苦的训练和严格的军纪，曾国藩不仅要求自己手下的团练严格操练，还要求长沙当地的绿营兵，也就是朝廷的正规军和他的团练一起接受他严格操练。这一来，绿营上上下下的将领不满意了，心想自己可是朝廷的正规军，凭什么听你曾国藩的呢？可没办法，因为当时的湖南巡抚是张亮基，他特别支持曾国藩。等到张亮基调到湖北当巡抚，接替他的是一向看不惯曾国藩的骆秉章，绿营兵们觉得机会来了，是时候给曾国藩点颜色瞧瞧了。

这一天，曾国藩照常带着团练到演武场跟绿营会操训练，结果等了半天只有一支部队来会操，其他几支绿营部队都没来。这一下把曾国藩气坏了，他正用重典治乱世，所以，气头上想也没想，立刻向掌管军务的提督衙门弹劾了那几支部队的将领，并要求处分决定，还要明文记录。这一下绿营将领们就不干了，到提督衙门那儿反诬曾国藩借炎热天气故意虐待士兵。绿营将领们还鼓动手下趁机闹事，一直打到曾国藩衙门口。

曾国藩猝不及防，只见一颗子弹飞过来，差点要了小命。曾国藩一见大事不妙，掉头就往外跑，去找巡抚大人救命。这时的巡抚已不是原来全力支持他的张亮基，而是旁观看热闹的骆秉章。这骆秉章倒是出面了，他是这样调解的：对闹事的士兵说，是某些领导不负责任才导致大家生这么大的气，好言相劝把闹事的绿营兵劝回去。回头看着伤痕累累若丧家之犬的曾国藩，他一句话不说，拂袖而去。

这一下曾国藩可成了湖南官场的笑柄，大家都嘲笑他越俎代庖干涉绿营是自取其辱，地位和影响一落千丈，被迫离开长沙到湘潭训练他的团练。也就是在这里，曾国藩痛定思痛，把挫折和屈辱化为自己奋斗拼搏的不竭动力，最终锻造出了一支所向披靡的湘军。那些曾经轻视他的人，陷害他的人都不得不求他出山击退太平军，他自己也一跃成为叱咤官场的风云人物。

所以说，是坚忍不拔的意志和强大的内心让曾国藩从逆境和痛苦中最终走向成功。对我们的学习来说，坚忍不拔、勇于战胜挫折和考验也是必备品质之一，还是那句话“包羞忍耻是男儿”，在逆境中化痛苦为力量才是我们要学习的地方。

可以说，曾国藩曾经是一个名符其实的笨小孩，但是经过他的刻苦修炼，终于走向人生的辉煌。作为山大附中学子，是被无数人羡慕的一员，我们的基础，我们的天赋是不容怀疑的，只要我们有曾国藩的坚持和韧性，我们就一定能成功，我对此深信不疑！

谢谢大家！

参考书目：

[1] 《曾国藩家书》钟叔河整理，湖南大学出版社。

[2] 《郦波评说曾国藩家训》上下册，郦波著，中国民主法治出版社。

[3] 长篇历史小说曾国藩《血祭》、《野焚》、《黑雨》唐浩明著，湖南文艺出版社。

领导力课程社会调查总结

今天，我们主要的目的是了解社区卫生服务站的运营情况，并全程记录一位患者在社区卫生服务站就诊的过程。任务看似简单，完成起来却一波三折。

我们的第一站选定在坞城社区卫生服务站。这个服务站规模不大，就医环境还算舒适。也许是周末的缘故吧，就诊的患者很少，诊所显得有些冷清。我们从大夫口中了解到，这个服务站面向的人群主要是周围的大学生和附近的村民，平常也就是小病小痛才来这儿就诊，严重的病都选择去大医院。还有就是因为国家补贴，这里的药价与出厂价是零差价，同样的药在这里比大医院便宜好多，可买的人还是挺少。采访完医生后，来这里看病的患者还是太少，没办法完成任务，于是我们决定转移阵地，去开元小区旁边的卫生站看看情况。

这次任务能够圆满完成，可多亏了文洁莹同学的伶牙俐齿，一番话讲出来不仅让举棋不定的卫生站站长同意了我们的采访，还获得了他的大力支持，甚至都有了下一步的合作意向。在遭遇几次拒绝后，不甘心失败的我们终于又成功地说服了一位叔叔配合我们拍摄，完成了就医全过程的录制，很有成就感。

总之，今天的任务圆满完成，文老大，赞一个!

高一年级演讲比赛稿

——《我们的未来》

亲爱的同学们：

大家好！我是来自 249 班的李真。今天，我要演讲的题目是《我们的未来》。每天，当我踏进附中的校门，八个金色大字“志存高远，脚踏实地”总会让我心潮澎湃，总会激起我对未来的无限憧憬和向往。

我知道，志存高远才能成就未来。雏鹰有翱翔蓝天的理想，最终才能击破长空，与天竞高。鲤鱼有挑战极限的理想，最终才能越过龙门，超越自我。蚕蛹有追求生命质变的理想，最终才能破茧成蝶，浴火重生。“志不立，天下无可成之事”，但这“志”，只有以国家民族为出发点，才能宏大高尚。没有高远的志向，孙中山怎能有辛亥革命的一页瓦解封建的篇章；毛泽东怎能有星火燎原的壮举，缔造中国开篇的辉煌！对于我们青少年来说，高远的理想会像暗夜里一座永远闪亮的灯塔，引领我们走出困境，激励我们实现明天的辉煌！

我更知道，脚踏实地才能创造未来。有了崇高的理想，如果没有脚踏实地，一步一个脚印的努力，未来就只能是空中楼阁，可望而不可及。因为脚踏实地，红军战士才能冲破一道又一道的艰难险阻，用双脚完成二万五千里长征的壮丽史诗；因为脚踏实地，登山运动员才能登上珠峰，站在世界之巅展示人类力量的伟大。而我们作为祖国的未来，民族的希望，不更应该脚踏实地，为未来奋斗吗？运动场上矫健的身姿、流淌的汗水挥洒着我们的未来；习题中紧锁的眉头、舒展的笑脸演绎着我们的未来；教室里专注的神情、渴望的眼神编织着我们的未来。

少年智则国智，少年富则国富，少年强则国强！我相信，志存高远，脚踏实地的我们，一定会创造出祖国更辉煌的未来！

我的演讲完毕，谢谢大家！

2011 年 9 月 23 日

高一年级演讲比赛稿

——《我的中学生活：三个“L”奏鸣曲》

尊敬的评委们，亲爱的同学们：

大家好！我是来自高 249 班的李真。今天，我演讲的题目是《我的中学生活：三个“L”奏鸣曲》。

刚刚结束忙碌而充实的初中，走进栋梁门，登上展翅楼，回味那段岁月，展望未来生活，我想，可以用三个拼音字母“L”来概括。

第一个“L”，当然是累。大家可能都有这样的感受，上了中学，一摞摞卷子拔地而起，一道道难题严阵以待。黑板被密密麻麻的公式编织得使人眩晕，美梦被做不完的作业搅扰得只能与星辰为伴，早上的闹钟准时响起，便又得像一位战士披坚执锐击鼓冲锋，日子像紧绷的弦，可谁又能否认，只有紧绷的弦才能奏响最美妙的音符。

生活很累，但更快乐。第二个“L”，便是乐。李商隐的秋池浇开紫丁香的惆怅，渭城的朝雨沾湿王维的衣裳，一道道公式叩开我们思维的大门，一条条定理敲开我们的智慧之窗。同侪携手，曾为一道道数学题争得面红耳赤，却在不知不觉中，友谊已盛满胸膛；师生同行，为同一个梦想洒下奋斗的汗与泪，为同一个明天种下希望的种子。乐在眼前，更在心中。

这么苦，这么累，是为了什么？当然是第三个“L”——理想。向往天空，就只能在群星中安眠；选择大海，珊瑚就是你永恒的墓床。我们意气风发，有敢上九天揽月的壮志，有指点江山的豪情；我们昂首阔步，愿为了理想披荆斩棘，越过一道道生命的沟壑！有理想，累又何妨，苦又何妨，苦中作乐，累中娱情，不也是人生一大幸事吗？

累，乐，理想，这三个“L”的奏鸣曲点缀了你、我、他的生活。面对崭新的未来，我手心里的雪花已含苞待放，我梦想的枝头已缀满星光，希望的东方已泛起鱼肚白，我将从这里扬帆起航！

谢谢大家！

青春的足迹

QINGCHUNDEZUJI

李真用一管笔记录了成长足迹下的深深浅浅；见证了花季雨季里的酸酸甜甜；描绘了青春的翅膀掠过天空的痕迹。相信有朝一日，她定会以此为起点，张开挺进的风帆，采撷生活的片片诗叶，将一瓣心香，化作更多飞彩流光的篇章。

——梁慧（山西大学附属中学高249班语文教师）

云南之行

登上云南沃土

经过几周的充分准备，我们终于登上了开往云南昆明的飞机。我们的目的就是要游遍云南，好好地放松一下。昆明、石林、大理、丽江、西双版纳是我们主要观光的地方，自然风景秀丽。

首先，介绍一下我们的第一站——昆明。昆明，云南省省会，具有两千四百多年的历史，是云南省政治、经济、文化、科技、交通的中心，同时也是我国著名的历史文化名城和优秀旅游城市。

因为要坐飞机去云南，所以我们所有人都异常兴奋，脸上都洋溢着灿烂的笑容。尤其是我的弟弟和姥姥，第一次坐飞机时更是一脸惊奇。

飞机正在跑道上奔驰着，速度越来越快，“嗖”的一声划破寂静的机场，那时已是下午 4：30 了。飞机越飞越高，机底的景物渐渐模糊了，到后来，只能看到脚底白云滚滚，飞机仿佛在云海中遨游。那白云千姿百态，一会儿还是这种形状，转眼间便又以另一种姿态见人，实在妙不可言。那如烟的白云，好似波涛汹涌的大海，前赴后继地一浪接着一浪，让你觉得自己好像在云海中翱翔，驾着云朵翱翔于天地之间，如神仙般快活，心情无比舒畅。忽然又感觉自己变成了小鸟，忘我地陶醉在美丽的云朵之中。向窗外望去，只见云海上还有一层蓝蓝的天，夹在两层白雾之间，散发出神秘的光芒，不由你不想起一种梦幻的蓝色。在太阳光的照射下，机翼和天空都变成了一片金黄，闪闪发着灿烂的光芒，无比神奇。

不知不觉中，已经从下午 4:30 变成了 7:30，经过三个多小时的颠簸，我们都饿了，于是空姐们便给我们发食物了。推饭的车子已经到我们这个座了，我们都垂涎欲滴地等待着鲜美食物的到来。饭来了，还热乎着呢，估计是刚做的。里面会有什么呢？打开一看，里面是一盒大米，上面有肉和菜。大概是因为饥饿的缘故，所以我很快便吃完盒里的大米，但觉得还不解饥，便打开另一个盒子，里面装着刀、叉及一个面包还有三个小西红柿。“呵，还挺全面的!”坐在我旁边的弟弟说道。那些食物很快就被我们吃完了。“女士们、先生们，飞机将于 5 分钟后降落，请系好安全带。”广播里传来机长的声音。

终于来到昆明了，一出机场，导游的红旗就映入我们的眼帘。随后，便把我们安排到“盘龙宾馆”住宿了。坐了一天的飞机，真困啊！早点睡，明天还有更棒的旅行呢！

雨中游石林

人们常说：“到了北京登墙头，到了西安观坟头，到了上海数人头，到了杭州看丫头，到了桂林看山头，到了昆明看石头。”今天，我们就去号称“天下第一奇观”的石林，体验观石的乐趣。

我们从昆明出发，经过几个小时的颠簸，终于来到了石林。首先映入眼帘的是一块块姿态各异的巨石，它们由好几种不同的颜色组成，和五颜六色的鲜花相互映衬着，真是奇特。它们的样子各有千秋，相似之处少之又少。

我们跟着导游，进入石林风景区内，游山玩水，快活极了。走着走着，突然看见前方窄窄的通道上方有一块巨石横倒在两座尖峰之间，刚好架在了中间。真悬啊！原来，在一次大地震中，强烈的地震波及到了这些岩石，因为这块岩石倒的地方比较险，所以人们都叫这个地方“千钧一发”。通过的时候，人们不由地屏住呼吸快速通过，生怕它一不小心就掉下来。听导游讲，地震使得大部分岩石上方都有很大一处裂痕，我们仔细看，果然发现每块高大的岩石上都有一部分坍塌。

我们跟着导游继续向前走。石林里的人真多呀！他们大概都是假期里来云南游玩的。景区里人挨人，人挤人，前胸贴后背，憋得人都喘不过气来。可是天公不作美，偏偏在这时候下起了雨，人们都纷纷打起了雨伞，本来就拥挤的通道显得更挤了。雨下得更大了，雨中的石林被一层薄雾笼罩着，展示着它另一种动人的面容，亲切而和蔼。突然，我发现身旁的石壁上有很多大大小小的石洞，导游解释说，这是因为积水常年滴到岩石上，把岩石侵蚀成了大大小小的凹凸不平的小坑。长年累月的滴答滴答，小小的水滴终于在坚硬的岩石上留下了痕迹，这便是“水滴石穿”的真实写照。这些小坑摸上去有的比较粗糙，有的则光滑无比，表面有着玉石般的光泽，我们一边走在只能容下一个人的石板路上，一边抚摸着一处处的奇迹，惊奇得嘴巴都变成了“O”形，眼睛一会儿往这看看，一会儿往那看看。

“啪啪啪”，一阵清脆的敲击声吸引了我们，顺着声音看去，原来是有人在拍一块很薄的石头，那石头因为是空心的，所以发出了悦耳的声音。我又尝试是否还有别的石头可以发出声响，拍了好几块石头，发出的都是闷闷的声音，并没有那块石头的声音那么美妙动听。

在景区里，常常有许多稀奇古怪的自然景观显现在我们面前。比如，在一个洞口，我们见到了一块在地震中震落的巨石竟然悬空吊在崖上。还有一个名叫“剑锋”的景点，它的由来是地震中一块尖峰的半身被震落，顶尖朝下坠去，倒插在河中，而它的顶尖像剑一样尖利，所以得名为“剑锋”。

过了一会儿，雨过天晴，我们看见前面有穿阿诗玛服饰照相的，妈妈怂恿着我们穿上阿诗玛的服饰，身上背上竹篓，连六十多岁的姥姥也穿了一身大红色的衣服，好一个“老来俏”。我们拍了几张照片，一会儿，照片就洗出来了，我们看着照片中的“阿诗玛”，笑得前仰后合。

逛完了小石林和大石林，我们便结束了这趟石林的愉快旅程。

今天虽然下着小雨,但是雨中观石林,更有诗情画意,别有一番情趣。

白水河趣事

汽车在高速路上奔驰了几个小时，我们终于来到了白水河。导游告诉我们，白水河里的水是玉龙雪山上的雪融化流下来的，它原来的颜色是白的，但是积聚混合得多了，就变成了蓝色或绿色，清澈见底，十分好看。我们顺着导游的指点看，只见湛蓝的河水静静地流淌着，就像一片蓝色的梦幻家园，清新而美丽，温柔而多情。

我们见水里有骑牦牛照相的，便走过去，照相的那个人见了，忙走过来说：“骑牦牛照相吧！到我们这里吧！一个人 10 块，很便宜吧？到我们这里来！”说着便拉着我们来到有牦牛的地方。几头纯黑色的牦牛顶着它们头上锋利的牛角，“哞哞”地叫着。走近些看，才发现牦牛身上有厚厚的黑毛，手摸上去，粗糙极了。

“喂，过来！”那人在叫我们了，我们走过去，小心地跨上了牦牛背。在这牛背上，你不得不时时刻刻提心吊胆，因为那牦牛背在走动时滑来滑去，根本坐不稳。

那人拉着牦牛，在水中走动着，裤腿全湿了。清澈的小河缓缓地流，声音轻轻地、有节奏地“哗哗”流着，感觉好极了。我抚摸着牛背，牛毛虽然有些粗糙，但是又黑又亮，我顿时想到了高头骏马。

我们单独照了几张相后，准备合影，可那牦牛却使我们心惊胆战，我和妈妈、弟弟各骑了一头牦牛，想离得近些照张合影，可牦牛不听话，那人用手拍了一下牦牛的身子，牦牛便又“哞哞”地叫了起来。那人再用手一拍，牦牛便靠了过来，那尖尖的牛角差点碰着我腿，吓得我冒了一身冷汗，心都提到了嗓子眼儿，生怕一不小心，被捅一下。

我们让牵牛的人给我们照了几张相，便要求把牛牵到岸边，我们要上去。可是那人把我和弟弟拉了上去，却把妈妈留在河中，说要拉着牦牛走一圈，要10块钱。妈妈不肯，那人便走了，把妈妈一人抛在了白水河中央。妈妈可吓坏了，不停地喊叫，终于，那人把妈妈拉了过来，妈妈已经吓得哇哇大叫。

因为当时蒙蒙细雨，而且越下越大，而我们又没带伞，所以我们的衣服、裤子很快就被打湿了，真像几个“落汤鸡”在雨中挣扎着。

我们很快就拍完了照，并把照片都洗出来打印了几张，照片里坐在牦牛背上的我们异常高兴，挥舞着双手，脸上露出了开心的笑容，头发沾上了大大小小的雨珠，像戴在头上的珍珠般闪闪发光，美丽极了。

时间很快过去了，愉快的白水河之旅也圆满结束了。碧蓝的天此时更蓝了，湛蓝的水也显得又蓝又亮。

啊，美丽而神秘的白水河，再见！

版纳之旅

今天，我们来到了神秘的西双版纳，这里有许多珍稀植物和别样的风土人情。

我们首先去了“植物王国”花卉园。一进门，便看到身旁的湖水中漂着几片巨大的像盘子一样的大荷叶，又绿又亮，在太阳光的照射下闪闪发光。听导游讲，这种植物叫王莲，是泰国的国花，据说大的王莲可以放一个小孩上去也不沉。

我们接着往前走，突然一棵高大的树直立在我们面前，它就是古巴的国树——王棕。王棕，又名大王椰子、花瓶椰子，又叫“飞毛腿导弹”。这棵树是从古巴移植过来的。

花卉园里植物千奇百怪，比如：长得特别像佛肚子的“佛肚竹”，树叶像鱼尾的“鱼尾葵”，还有果实成熟就要“爆炸”的“炮弹果”等许多

珍稀植物。

最有趣的是含羞草和跳舞草。

首先说说含羞草。你只要用手碰碰它的叶子，它便把叶片收缩起来，好像害羞的小姑娘一样，特别好玩。听导游介绍，这含羞草还有一个动人的传说呢：从前，女儿国的情丝被王母抽走了，有一个人为了让女儿国重新拥有情丝，便去寻找。他找到了情丝，准备归还时，不小心被一块石头绊倒，手中的一条情丝滑落下来，落在了一株不知名的草中，那株草就是现在的含羞草。

跳舞草，顾名思义就是会跳舞的草。你可能会奇怪，草怎么会跳舞呢？但是这跳舞草的确会跳舞，它是靠声波振动而翩翩起舞。我们不信，于是导游便对着一株跳舞草唱起歌来，那跳舞草果然跳起了舞，真是奇妙无比。

随后，我们来到了相思树前，在草丛中寻找相思豆。唐代诗人王维曾写过一首诗《相思》：红豆生南国，春来发几枝。愿君多采撷，此物最相思。听过王维的诗，人们把海红豆、红豆、相思豆、孔雀豆等联系起来，表相思之意。

我们还看到了可可树。巧克力就是用可可树的枝结出的可可豆磨成的粉和可可脂、糖、牛奶调制成的。

逛完了花卉园，我参加了“竹竿夹脚舞”的表演，这是一种少数民族的舞蹈。两根粗木棍摆放在相互平行的位置上，中间放几根细木棍，有节奏地“夹脚，夹脚，夹住你的脚”。开始节奏还很缓慢，之后越来越快，我没有踩好点，便跨了进去，结果把我的鞋夹了下来，我只好光着脚跳过去把鞋捡起来，真是有趣极了！

西双版纳之旅结束了，但我仿佛现在还在进行着奇妙的旅行。啊！美丽而神秘的西双版纳，你让我度过了一段多么快乐的时光。再见！

发表于《青少年日记》2007 年第 9 期

壶口感怀

记得那次去观壶口壮景是在秋天，震人心魄的声音，雄浑壮观的奔流，让我至今难忘。

车行至半路，未见其形，已闻其声。似千军万马在战场厮杀，似万千重鼓在猛烈敲击，似一头雄狮在愤怒地咆哮，又似汹涌的大海撞击岩石的“惊涛拍岸”，我的心一下子被壶口瀑布的气势所折服了。

怀着期待与激动，来到瀑布跟前，眼前是一片带着黄色的蒸腾的水雾，犹如一阵甘霖使我内心沉静，然而又博大起来，觉得似乎已与瀑布融为一体，它的胸怀包容万物，而我也像走入了一个雄浑壮丽的世界。

眼见瀑布挟着风，裹着雾，夹带着泥沙滚滚而来，与万千支流汇于一处，在地势最高处奔涌泻下，像一位勇敢的母亲用威严保护着自己的孩子，又像一位将军横刀立马屹立于两军阵前。这属于天地的壶口泻下的是属于天地的“茶”，让我情不自禁地想到了当年红军长征时的壮丽史诗，在国家和民族危急存亡的紧要关头，被形容为“整个国家都踏上了征途的远征”不正像壶口瀑布那样，冲刷着积满疮疾的国土，带来革命重生的希望，并裹挟着反动派丑恶的身躯，在革命的洪流中将它摔得粉身碎骨。那伟大的壶口瀑布，那哺育了中华民族的黄河，不正象征那群英雄的人们和那英勇不屈的伟大精神?

望着“飞流直下三千尺”的壶口瀑布，听着震耳欲聋霸气十足的瀑布声，想到它无畏地奔流、无畏地倾泻，天地之间唯我独尊和“奔流到海不复回”的豪迈，让我对这瀑布陡生敬意，对这孕育了中华民族的河流陡生敬意。

世事虽多变迁，人生虽多无奈，但壶口瀑布那无畏的精神始终屹立，像一座英雄的丰碑始终不倒。

桂林之行

一、人妖表演

今天是桂林旅游的第一天，让我印象最深刻、感受最丰富的是“木龙湖•东盟园”里的人妖表演。

我不知该称呼人妖是“他”还是“她”，那就依泰国法律中的定义称之为“他”好了。舞台上的他们面容姣好、身姿婀娜、舞蹈炫丽、激情四射，不细看还真看不出他们是人妖，但我心里总有种怪怪的感觉，不是歧视，更多的是一种同情和怜悯。

其实在他们表演之前，我就在游览时偶然看到了其中一位成员，当时我并不知道那就是人妖，一看吓了我一跳，脸上涂抹着厚厚一层粉，妆画得很浓很夸张，虽然穿着时尚女衣，可我总感觉很怪很难受。我看到他时，他正专注地看着舞台上越南演员的表演，神情有点落寞，就那么呆呆地、一动不动地看着前方。当时我并未在意，但当我看到他们在舞台上活力四射的舞蹈时，心中很不是滋味。

他们脸上带着笑，但他们的心在滴着血！那舞台下落寞的神情就足以证明，舞台上的他们只不过是强颜欢笑罢了，内心苦楚又有何人知?

泰国人妖，俨然已成为了泰国的标志，一提到泰国，人们便会戏谑地说起那里的人妖，语调里尽是不屑和嘲讽。在他们眼里，人妖不过是玩物和取笑的对象罢了，有何尊重可言？殊不知，人妖经受的苦难是我们无法想象的！

人妖一般都出生在泰国贫苦人家，父母养不起孩子，就指望长相清秀的儿子能当人妖，有朝一日大红大紫改善家庭生活状况。于是就把他们送到专门的人妖培训机构训练，从小被迫穿女装，用化妆品，培养女性的爱好。稍大点儿就吃激素，让自己接近女性。因为过量摄入激素，人妖的寿命一般很短，只有四十岁左右，但就算他们苦心学艺，能一举成名的却少之又少，其余的就只能靠微薄的薪酬窘迫度日，并疯狂地演出攒钱养老。物质生活贫乏就已经很可悲，更可悲的是他们心灵上遭受的巨大伤害。歧视、侮辱、玩弄，在别人眼里他们就是一群变态、一群玩物、一群毫无尊严可言，以卖笑为生的奴隶，生活悲惨至极。

在他们看来，笑是最痛苦的一种表情，但他们为了生存又不得不做这些让他们痛苦的事，真是可悲可叹！

再看看舞台上浓妆艳抹、载歌载舞、活力四射的他们，不正是苦难群体的一个缩影吗？而台下鼓掌叫好、吆三喝四的看客们，不也正是那些以玩弄他人为乐的人的缩影吗？短短几分钟的表演，竟演出了如此的世态炎凉！

我知道，以我的微薄之力，并不能改变什么，我无法让他们过上好日子，无法让他们免受心灵的伤害，无法改变泰国旧有的风俗和看客们的猎奇心态。但我想说，在看人妖表演时请尊重他们，请以至少是平等的态度对待他们。摘掉有色眼镜，放下自以为高贵的身价，充满欣赏地观看他们的表演，看他们在舞台上的绽放，看他们如何演绎人生的苦与乐。

心怀悲悯之情，内心便多了一份厚重，少了一份浮躁。

二、小小竹排江中游

“小小竹排江中游，巍巍青山两岸走”，这句耳熟能详的歌词先前对我来说只是一幅画罢了，而今天这次悠闲自在的竹筏畅游却让我也做了

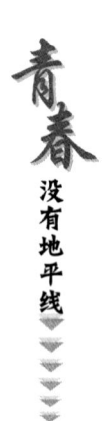

一回“画中人”。

这种竹筏我在其他地方还真没见过，只在影视剧中看见过，五六根并排的细木头绑得整整齐齐，长度大约有十米左右，十分精致。艄公头戴斗笠，手撑大约两人高的船蒿，一下一下地划着，时快时慢，甚是悠闲。游人则在固定于竹排上的竹躺椅上，在青山绿水间静静地享受这喧嚣都市外的山野宁静，惬意极了。

如果说竹排在江中荡起层层涟漪是静态的话，那渔家子弟在水中的嬉戏玩闹就是一幅更加生动活泼的画卷。他们大概都是艄公的孩子，自小就在江边长大，天天与水中的鱼儿一起游乐，水性好得很，在水中就像一条条可爱的小泥鳅，那可是真正的“弄潮儿”。有时他们玩得高兴了，就趴住你的竹排，几个小伙伴围着竹排互相追逐、互相嬉闹，好像这江就是他们熟悉的乐园，熟悉的家。

这个季节的阳朔，若不下雨，那日头便十分毒辣，可当你把双脚放入清凉的江水中，那一份燥热就立马烟消云散了，看着两边的青山、江中的碧水，内心一片清静。

阳朔真美！

三、银子岩外的拾荒人

有太多的人，布衣终生、仰人鼻息、茕茕孑立、形影相吊，每日穿梭在小巷里。而不远处则莺歌燕舞、灯红酒绿，俨然另一个世界，那是他们终身也攀附不进的世界。

阳朔有名的景点——银子岩，每天吸引成百上千的游客慕名参观，号称“游了银子岩，一生不缺钱”。洞内有“三绝”、“三宝”，有“世界溶洞奇观、诗境家园典范”的美称，名头很响，洞内也确实似仙境一般。

乳白色的钟乳石在大自然的鬼斧神工下营造出天然的瑶池仙境，有似钻石飞瀑一样的钟乳石从洞顶“倾泻”而下。由于方解石的作用，这

“瀑布”在灯光的映照下闪闪发光，真就像一座“银山”。

洞内奇观极多，每到一处都会让人叹为观止，而在出口处看到一位拾荒的老人，却让我愉悦兴奋的心情蒙上了一层阴影。

这位老人70岁左右，经过生活的风风雨雨，已经变得干瘪，脸又干又黑，就像老树皮一样，个子不高，大概不到1.4米，背已经被生活的重担压得快弯到了地上。背上吃力地背着一个装满废弃塑料瓶、比她身形大很多的编织袋，衣服又脏又旧，在那一片供人休息的平台上转来转去捡塑料瓶。

身边游人如织，个个花枝招展，而她与这景致极不协调。洞内的仙境好像与她无半点关系，她只关注游人们手中那一个个快喝完的矿泉水瓶。一看到矿泉水瓶，那浑浊的双眼就会放射出喜悦的光芒，然后就躲在一边眼巴巴地盯着那瓶子，生怕一眨眼就没了。她也许一生都生活在银子岩边，但银子岩的好运从来也没让她过上好日子，从来也没让她少为生计奔波，从来也没让她脱贫致富。在生活一日又一日的压迫下，腰更弯了，皱纹更深了，七十岁的高龄，本该是颐养天年的时候，却顶着这年轻人都受不了的毒日头，在外拾荒！

改革开放让很多人过上了好日子，让很多人已经不只满足于物质上的充盈，更追求一种精神上的愉悦，但与此同时，那些生活在社会底层的人们，还在为挣一口饭吃而发愁！

改革开放的春风已经吹遍神州大地，但有些地方仍忍受着酷日的折磨；改革开放的阳光已经撒满了大地，但仍有阳光照耀不到的阴影在寒冷中瑟瑟发抖。我希望，在不久的将来，能看到春风拂过的是整个大地，不受烈日折磨；能看到阳光普照的是每一个角落，让每个人都感受到温暖；能看到普天之下不再有这样老无所依的人，不再有贫穷受苦的人。

四、雨中爬瀑布

今天，在漓江古东景区雨中爬瀑布真是一次终身难忘的经历。奔腾而下的瀑布夹杂着倾盆大雨，仿佛冲开了我心灵的勇气之门和智慧之窗，让我生出几多感慨。

当瀑布流水从你头顶无情奔来，你孤立无援，你所能依赖的只有一根浸在瀑布中的铁索和几个光滑的石壁坑。除此之外，你只有自己，没有任何人的帮助，没有任何安全防护，穿着破旧的、将人咯得生疼的草鞋，仅凭一己之力，你的目标是七级瀑布后的顶峰。

这是勇敢者的游戏。当湍急的水流试图将你卷走，而你被流水冲击得看不见前路时，一种对死亡的恐惧和无助刹那袭来。回首身后，是飞瀑落下而成的深潭，还有游人们艰难跋涉的人影簇簇。一瞬间产生了恐惧，一种无助在心头挥散不去。闭上眼想忘记这里的一切，重回安乐的故园，但脑海里萦绕的仅是激荡不绝的流水声，冰凉的瀑布水浸透了我的身体，也冷透了我的心。

与其悲且愤，莫若起而行。如果无人帮助，如果注定一人孤行，那何不鼓起勇气将这段艰难走得完美，走得精彩？曾有 78 岁的老人征服过这个瀑布，也曾有 14 岁的孩童登临瀑布之顶，那我又有何理由胆怯和畏惧呢？恐惧只是一种感觉，而你真正去做的时候，原先的恐惧就更深刻了你的喜悦。

当你终于登上七级瀑布，光荣地走完全程的时候，一种“回首向来萧瑟处，也无风雨也无晴”的豪情油然而生。勇气、信念、孤注一掷的决心，在你一无所有的时候，给予你前进的动力，这体验便是人生一大宝贵的财富。

读万卷书，行万里路。读书，收获的是知识，是修养；而旅游，收获的是见识，是阅历。旅游，要的不是走马观花的急躁，而是要有一颗沉静而智慧的心去感受生命、感受生活、领悟人生。

美国之行

一、抵达旧金山

今天是美国之行的第一天，首次没有家人陪伴踏上异国之途，有些许迷茫、不安，但更多的是兴奋和期待。坐在飞往美国的班机上，突然有种“青山朝别暮还见，嘶马出门思旧乡”的惆怅，12 个小时的单调飞行是难熬的，虽然有机载电视解闷，还是难掩无聊之意。看看窗外暮色已重，突然有彩虹状的七色光出现在夜空里，难道是传说中的极光吗？它仿佛也在向我微笑，给我加油打气，预祝我旅途顺利。

终于从难熬的飞行炼狱中解脱了出来，我们一行人在老师的带领下安全抵达旧金山。这是一群来自全国各地的中学生，暑假到美国游学，大家很快就从互不相识变成了渐渐熟悉的好朋友。隋阳来自青岛，和我年纪相仿，长我一岁，长长的头发上点缀着一个恰到好处的精致的粉色蝴蝶结，嘴角总是微微上扬，像一个弯弯的月亮，把那两个可爱的小酒窝映衬得更加妩媚。我们很快变得亲密无间。

首先游览的是旧金山市政府，沿途欣赏车窗外瞬间闪过的风景，发现这里大多是平房，只有少数高楼集中矗立在一起。听导游说，这里的建筑看似凌乱，但从空中看去，规划布局相当精致整洁。到达目的地，才发现市政府是一栋与周围风格完全不同的宏伟建筑，通体白色的城堡式设计，在两排齐刷刷的绿树映衬下，显得格外圣洁肃穆，对面的旧金山女神雕塑与它相得益彰，庄严华贵。

接下来我们到达的是世界著名的金门大桥。金门大桥被誉为近代桥梁工程的一项奇迹，也被认为是旧金山的象征，曾抵挡过美国历史上7级以上的强震。只见它通体红色，在云雾笼罩下更有一种神秘和肃穆。值得一提的是，金门大桥还被认为是全球首选的自杀圣地，因为不少人认为，在这样一个风景秀丽的地方安葬自己是一种很美的归宿。真是不可思议！离开时还发生了一段小插曲，在出售纪念品的商店，我买了三小本明信片册，需9美元，但我只有百元整钞，售货员说找不开零钱，不得已只能向同伴借，这与中国是有很大不同的，这里的物价低，一百美元是很难被花出去的。

今天的最后一站是参观加州大学伯克利分校，这是美国最负盛名的一所公立研究型大学。尽管一路旅途颠簸的不适和倒时差使人昏昏欲睡，但探秘的热情却丝毫不减。走在绿树成荫的弯弯曲曲的校园小路上，偶尔会跳出一两只乖巧的小松鼠，它们见了人并不害怕，也不急于逃开，而是配合地摆起Pose让游人拍照，真让人有种回归自然的感觉。在这里，随处可见躺在草坪上、绿荫下读书聊天的大学生，他们有着不同的肤色，来自五湖四海不同的国家，但都能在这片共同的蓝天下书写梦想，不能不说这是这所大学兼容并蓄的宽广胸怀的体现。

劳累了一天，终于回到了酒店。酒店是三星级标准，小二楼，还有露天游泳池，看起来舒服极了。闲言少叙，明天还有更精彩的呢。

二、快乐老家迪士尼乐园

今天去迪士尼乐园玩了一天，虽然累，但特别开心。

整个园区就像童话城堡一样，到处是梦幻般的游乐设施，街道上都是穿着童话装的一个个天使般的小朋友，我们好像真的回到童年一样快乐无忧。

我们去玩了过山车，虽然是儿童版的，但还是够刺激。还去开了小车，有了真实驾车的体验，结果因为开得太慢，造成了堵车，我想我将来真得开车的话一定是交警最喜欢的，不会超速啊！

最好玩的要数迪士尼卡通游行了，一个个经典卡通形象就活生生地站在你面前，还跟你招手呢！活蹦乱跳的米老鼠，美丽的灰姑娘在南瓜车里微笑，勇敢的彼得•潘正和小精灵跳舞，真是美仑美奂。我想，如果时光倒退10年，我一定要在这里天天玩，玩遍所有项目，那该多幸福啊！

好期待明天去好莱坞环球影城，我一定要玩个够。

三、好莱坞环球影城

“好莱坞环球影城”这个名字听起来就很让人浮想联翩。好莱坞，作为美国大片的代名词，拍摄了很多具有震撼效果的影片，令人心驰神往。

我们首先体验的项目就是那些危险场面的布景。我们坐着游览车开始参观，当车开进一个山洞时，突然一声巨响，金刚愤怒地挥舞着双拳，张着獠牙向我们扑来，车随着金刚的脚步剧烈摇晃。过了一会儿，一只恐龙也向我们扑来，与金刚在车旁打斗，他们喷出的口水溅到了我们身上，恐龙尾巴一扫，仿佛要把我们的车掀翻，车上的人都惊恐地叫了起来。还好这只是3D效果，虚惊一场，这大概就是3D电影身临其境的魅力吧。

你知道洪水来临，地震火灾的场面是怎么拍摄出来的吗？汽车又驶进一个黑漆漆的山洞，从表面上看，跟普通的地铁站没什么两样，突然警报响起，滚滚水流泛起白色的浪花从顶层一泻而下，另一边熊熊大火燃起，烈焰的火苗带给我们真实的灼热感，旁边还配有破损的地铁，逼真极了，车上播放着相应的电影情节，一真一假，一模一样，特别有身临其境的效果。

最让我心驰神往的要数一个个的花园布景了。就像童话世界里一样，淡粉色的城堡别墅，外面的小汽车好像是巧克力做的，窗户是巧克力色的甜麦圈造形，外墙也好像要流下奶油来，让人真想咬一口。

参观结束，我们到了水世界去观看一场表演，讲的是女英雄Helen和海盗斗智斗勇最后战胜海盗的故事，表演极其刺激。三面观众席围着一个大水池，池里布置着逼真的巨型海盗船。我们坐在第二排，热场开始就遭了殃，三个打扮成海盗模样的人争相拿水桶向我们泼水，就像倾盆大雨瞬间落下，根本来不及反应就已经沦陷在一盆盆的水中，成了名副其实的落汤鸡。表演者开着快艇疾驰而来，样子酷极了，一边还挥舞着帽子和手枪，一转身，艇尾又掀起一片水幕，观众席又一片惊呼。一场表演下来，就跟洗了澡一样，浑身都湿透了。

电影《4D怪物史莱克》也很精彩，动画效果跟真的一样，座椅还会跟着情节的发展剧烈颠簸，不时还喷点白气制造紧张气氛，真是奇妙极了。

四、斯坦福大学

今天最让人难忘的是渔人码头的水果。听导游说，这里的水果虽然贵，但品质是最上乘的，最环保有机了，绝对令人过口不忘。怀着对美食的憧憬，一路欣赏着商店里诱人的商品，终于看到了我梦寐以求的水果摊。果不其然，水果排列得整整齐齐，个个鲜艳饱满，散发着诱人的香气，在阳光下闪着耀眼的光，就像小孩子嫩嫩的脸庞，恨不得上去咬上一口。我买了草莓，花了将近10美元，很心疼，但还是觉得物有所值，总算是一饱口福了。

重头戏还在后面。斯坦福大学可是享誉全球的重点大学，可以说，没有斯坦福，就没有硅谷，也就没有美国现在发达的经济了。原来想象这样的大学应该是课程非常紧张，生活节奏快、压力大，但走进斯坦福最深刻的感觉却是悠闲，草坪上到处是享受阳光浴的学生，有的正在书海中找方向呢。听学校里的学生导游说，这里的学生在上大学期间，有一年的时间可以自由支配，学生们可以利用这一年时间或工作或旅游，以便更好地找到自己今后的发展方向，这对一个人的成长来说是至关重要的。

最有特点的要数九曲花街了。顾名思义，这条街最大的特点是陡，正因为如此，其街道是呈Z字型的，盘旋而上，坡度大约有46度。中间有鲜艳多彩的花将街道映衬得格外美丽。街道周围是一栋栋的小别墅，造型各异，但都各有一番风韵。我想，在这百花丛中安家也不失为一种乐趣吧。

诞生于沙漠的绿洲——右玉

站在右玉最高端，迎着微风俯视全县。苍山如海，金黄色的树叶在风的吹拂下左右摇摆，好似滚滚的麦浪，又好似大地呼吸起伏的颤动，让人陡生豪迈；湖光似玉，绿莹莹的水衬着蓝莹莹的天，山色空朦，美如仙境。一时间，竟有置身西藏的错觉，仿佛在这茫茫天地间，只有我一个人，静静地屏住呼吸，任风轻抚，不再理会尘世的纷争。望着这世外桃源、塞上绿洲的绝美风光，我竟有些不相信自己的眼睛。这是被外国人在60年前就预言会变成沙漠的那片土地吗?

上世纪五十年代初期，由于地理位置特殊，全县仅有残次林木八千亩，土地沙化十分严重，风沙干旱、水土流失、冰雹霜冻，生态环境十分恶劣，是山西省有名的贫困县。“一年一场风，从春刮到冬，白天点油灯，晚上土堵门”就是当时的写照。

六十年间，植树造林的接力棒在右玉人手中传了一代又一代，当地十八任县委书记的绿色接力所创造的生态奇迹也令人感动异常。躬身开垦，与贫苦百姓一起啃干馍、吃酸菜，没有一点领导架子。他们对于造林的热爱，已到了人不离铁锹、铁锹不离人的地步，对这片贫瘠的土地已爱到了痴迷。其实，在这里种树绝非易事。一棵小树苗，一年最少浇三次水，而这里紧靠沙漠降水稀少，加之冬季气温低达零下40℃，极难成活。只能春天种树，到了秋天用土把小树苗埋起来，到次年春天再把土刨开，年复一年，直到小树苗长成大树。在这六十年间的艰苦奋斗中，竟形成了一种独特的右玉精神：穷而不卑、矢志不渝、百折不挠、奋斗不止。正是靠着这种坚韧的右玉精神，昔日风沙漫天的“不毛之地”才变成如今满目青翠的塞上绿洲。

“清风拨响千山树，细雨弹绿万壑尘”。站在高处，俯视这片充满奇迹的土地，我的心中充满了对这片土地的欣赏和敬畏。是啊，无论多么贫瘠的土地，倘若有了精神，有了灵魂，那便是无比伟大的。一个人，一个民族，倘若有了精神，有了信念和理想，那便是坚不可摧的。一个小小的右玉，正是我们中华民族千百年来奋斗的缩影。在沙漠中诞生的，不仅是这片美丽的绿洲，更有这令人肃然起敬的崇高精神。右玉创造的，是美好的家园，更是中华民族的民族魂！

迪拜之旅

一、穿行在童话般的真实世界中

小女子今生有幸，春节期间随父母去迪拜旅行。十天的行程，时时刻刻被大自然拥入怀中，分分秒秒无烦无恼，穿行在那个至纯至净的世界，心清如水。

迪拜就像是一个永远没有烦恼、没有喧嚣、没有杂念的世外桃源，环绕流淌的波斯湾海水孕育着这座充满梦想与纯真的城市，天蓝蓝水清清，融融的阳光柔和地洒向大地，就像在白色细腻的沙滩上投下的温柔目光。云静悄悄地，三朵两朵聚在一起，天空也好像陶醉在午后醉人的阳光中，静静地睡着，不愿醒来，静得出奇，谧得祥和。澄澈的海水层次不一，近的是浅蓝，接着便好像是画家泼墨时不小心打翻了颜料盒，给海水涂上了一抹深邃，再往远便又浅了些。

在这座天堂般的城市穿行，最令人难忘的则是那些极富想象力和童话色彩的建筑。一座座精致奇妙的建筑错落有致地排列着，我好像一下子回到了中古世纪的欧洲，又好像进入到了自己小时候一直向往的童话世界。我想，那一座座洁白无瑕的宫殿也许正住着小王子或是可爱的小公主吧，怀抱中可爱的小公主一定穿着白纱的塔裙，发出银铃般的笑声吧！那种圣洁是多么令人向往啊！与静谧的宫殿式建筑相映成趣的，便是风格迥异的现代建筑。一个个高耸挺拔，直入云霄，各具特色，每一座都值得细细琢磨玩味。迪拜作为建筑师的天堂，真是名不虚传，我想，在一个城市能够古今交融，和谐共存，至少说明这个城市具有博大的胸怀和包容的品质。

漫步于迪拜街头，能够驱散心头的浮躁与喧嚣；走在迪拜的街道，就像在美的世界中穿行。在那里，我找到了自我，觅到了那个渴望自然的我。置身其中，小女子顿感神清气爽、胸怀开阔。

二、美丽的阿联酋首都

车行驶在前往阿联酋首都阿布扎比的公路上，向窗外眺望，处处可见洁白而又宏伟的城堡式建筑，有的呈月牙状，美丽的大建筑与精致的小建筑排成弧状，相映成趣。再加上偶尔有几朵白云安静地躺在天空温柔的怀抱里，整个构成了一幅静谧安详的油画。

颠簸了两个多小时，终于来到了向往已久的谢赫扎伊德清真寺。远观其外形，给人最深切的感受是：震撼。通体的白色建筑，就像一座大城堡，堡外直通白色台阶。站在寺外欣赏这座世界上最大的清真寺，对阿联酋人民的智慧和创造力深感敬佩。走近一些，便听到右边白色小殿中传来阵阵诵经声，那是酋长们的陵寝，栅栏外站着几名戴着墨镜，一脸严肃的警察，一看到有人拍酋长陵寝的照片，便会毫不客气地走过去将它删掉。

根据清真寺的规定，女士进寺必须穿黑袍，戴黑纱。我们激动极了，穿戴好，互相看看，都笑出了声，这套颇具异国风情的装束倒让我们真有点入乡随俗的感觉。脱鞋进入大厅，脚下是由一千名女工花费一年时间手工编织而成的波斯毯，约有一千多平方米，色彩艳丽，做工精致，富丽堂皇。几根巨柱上也镶有精美的花纹，在这宽敞而又精致的大厅里，不由得让人流连忘返。大厅外是宽阔的广场，正值中午，明亮的阳光照射下来，整个人都沐浴在阳光中，就像走入一种圣洁而又高贵的境界，心灵就像经过了一场洗礼，整个人都有一种脱俗之感。

离开谢赫扎伊德清真寺，我们乘车来到了一片海滩。白色的沙滩、静静的海水、碧蓝的天空、静悄悄的云朵，似乎这便是天堂。沙滩边几位游人在悠闲地喝着咖啡，好像世俗的纷扰与他们无关，这里没有压力，无需紧张，只需静静地享受生活的美好。

之后，我们还去了世界第八大奇景——人造棕榈岛，参观了亚特兰蒂斯酒店，据说这岛是人工填海造陆造出来的，这让我不得不佩服人类改造自然的能力。

回程途中，看到周围有一片片的别墅建筑群，有的人家门口还停着直升机，这便是世界贵族的幸福生活，我幻想着自己有一天也能像他们一样，住在这童话般的城堡里，那该多惬意啊！

三、火车头黄金市场

今天游览的地方是火车头黄金市场。从远处看这座蓝白相间的建筑，就像是有一座桥梁把两边连接起来，有着对称和谐之美。走进去便是耀眼夺目的金饰品，有金耳环、金戒指，都是金灿灿的，精致有型，店外还不时有阿拉伯店家出来招揽客人。突然，我被一家卖丝巾的店吸引住了，那一条条精美的丝巾就好像空中飘舞的彩绸，摸起来滑滑的，软软的，漂亮极了。我看中了一条黑色绣花的，想买回去给姥姥，这时店家热情地过来招呼我们，标价七美元，妈妈不知从哪里学来的砍价英语，硬是从七美元砍到五美元，换算一下，还真不贵。

正要走时，不知是谁说了一句“到那儿看看”，循声望去，是一家卖波斯毯的地方。身穿白袍、头戴白巾的店主热情地将我们迎进门去，铺开一条条精美的手工编织地毯，那美观大方的花纹和图案，细腻光滑的手感真让人爱不释手，可一问价钱，竟要 950 美元，虽有心买地毯，却无力付钱，同行的人都叹息着走开了。店家极力挽留，“Come in，my friend”，竟有人情急之下冒出“不 come in”的中英结合式英语，想起来真让人捧腹。店家虽有遗憾，但还是微笑着将我们送了出去。

中午休整一会，下一站是沙漠。临行前我们已经在网上看过冲沙的照片，夕阳映照，土黄色的沙丘。在风的吹拂下，黄沙漫天，其间穿梭着冲沙的车队，真有种悲壮的感觉。早已做好心理准备，车行驶在茫茫大漠中，上下颠簸，却并没有想像中那么可怕，只是觉得有英雄征战般的豪迈之感。

最使我难忘的要数骑沙漠摩托了，为图惊险刺激，我拉着妈妈要去骑，没有一点开车经验的我，一按发动机就冲了出去，直接撞到场地中间的轮胎上。管理员着急地冲过来，叽哩哇啦说了一通英语，我没太听明白，一拐弯，又撞在边缘的轮胎上。最后还是爸爸解了围，爸爸骑摩托，我坐在车后面，心里虽有不甘，却很快被快速驰骋的感觉取代。现在想想，还真心有余悸，自己一着急竟一边猛按刹车一边猛轰油门。如果要有下一次，我一定要再次体验体验，彻底征服摩托车。

晚上，大家坐在篝火边，吃着阿拉伯当地的食物，看着动感的歌舞，在夜色中竟想到了“乐不思蜀”这个词。最让我惊讶的是两个男演员一直旋转着跳舞，从始至终都没有休息过，还有身上的灯光呼应，那种旋转的功夫，一般人是学不来的，没有两圈就会晕。

八点多了，车来了，我们只好恋恋不舍地离开这里回酒店。

雁北之行

今年国庆长假，我们全家来到了雁门关以北的大同、朔州等地，在领略美丽风光的同时，更惊叹于这里建筑的壮观和古代劳动人民惊人的智慧以及伟大的创造力。

应县木塔

早就听说应县木塔非常神奇，近千年来一直屹立在那里，任周围的环境如何变换，历史的车轮如何滚动，它都如一位饱经沧桑的智者站在那里俯视大地，见证历代的兴衰。真正来到应县木塔，看到它的第一眼就被它吸引住了，高大的塔身，精美的装饰，更让人惊叹的是，木塔如此庞大的身躯竟没有用一颗铁钉！坚固的铆鞘结构支持着这座雄伟的建筑，使它稳若泰山。千年来，这里发生的大大小小的地震，经历的场场激烈的战争，虽然在它的躯体上留下了印记，但却动摇不了它的根基，这真让我敬佩古代劳动人民伟大的智慧。

悬空寺

一座现实中的空中楼阁，一个在梦想中才能看到的建筑，当它真正展现在你面前时，谁又能够不陶醉其中呢？一座座亭台楼阁，就好像镶嵌在峭壁中的图画，那么精致，让人感到像是走进了不可思议的童话世界，每个建筑错落有致而又自然地连接在一起，巧夺天工。“江山留胜迹，我辈复登临。”站在悬空寺中真正感受到的是建筑的壮观和古代劳动人民巧夺天工的创造力。

云冈石窟

大大小小的洞窟，大大小小的佛像，精美的雕刻、细致的描摹，站在这一座座高大的建筑面前，人是何等渺小，望着这尊让人叹为观止的佛像，联想到这花费 64 年才雕刻而成的伟大工程，耗费了多少人力和财力，凝聚了多少代人的心血和努力，才铸就了这“刻在石头上的北魏王朝”。这样庞大的工程，难道不是古代劳动人民智慧的结晶吗？这样伟大的壮举难道不值得我们歌颂吗？

雁北之行，风光美丽，景色壮观，如诗如画，这些奇迹见证了历史的变迁，但更显示了中国古代劳动人民的智慧和创造力，这种精神将使我们的国家变得更加强大！

青春有爱

QINGCHUNYOUAI

李真的文章把我带回了母校，就像书中美丽的文字一样，母校是那样美好，令人留恋。看到今天的学妹如此优秀，我无比欣慰和自豪。

——拉巴次仁（山西大学附属中学高94届西藏班毕业，
新华社西藏分社新闻信息中心副主任，
经济采访部主任，2009年新华社十佳记者）

幸福盛开在天涯

又是一度除夕，又是一度人在天涯。

不见了万家灯火，不见了驼铃声声。我俯身看着那被雪压得七零八落的憔悴的枯草，凄婉、苍凉，油然而生。这是边关的夜啊！朔风凛冽，零下三十多度的气温，万物寂寂，白雪茫茫，营地一派凄清、静谧。只有低低的营房外，那火红的春联，能给人一丝暖意。

此时此刻，我唯有望着夜幕凝思，遥寄对爷爷的新春祝福。光阴荏苒，转瞬，已是十五个春秋。爷爷的生日在腊月里，十五年来，我也只能面朝故土，在秦时明月汉时关的陪伴中，默默为爷爷许愿："祝你生日快乐，祝你生日快乐……"一首心曲，两行清泪。

抬头望天，没有望断南飞雁，只有望穿秋水的思念。爷爷，您已是九十一岁高龄，您的身体安好吗？我知道，长长的电话线无法缩短您的望眼欲穿，电话里您总对我说："娃儿呀，你在外面好好干，我在家里挺好，不用挂念我"。言犹在耳，可我知道，每逢佳节倍思亲啊！

"想家，想家，无论我在海角天涯，想家，想家，忍不住的泪如雨下"，歌声如泣如诉。思绪翩跹，细看来，不是杨花，点点是离人泪。曾记否，十五年前，那个合家团聚的除夕夜，爷爷七十五大寿的家宴，一家人围坐在一起，欣赏春晚，吃团圆饭，闲话家常。看着爷爷亲自吹灭我送给他的生日蛋糕上的蜡烛，幸福，触手可及。听人说，尘世的幸福，就是我们一家人，一起吃火锅。而今想来，真是声声含泪啊！

总有一些情绪，兀地隐匿在心间，等待着沉寂或者沧桑。妈妈告诉我，爷爷每天都在讲我小时候的故事，讲着讲着，就老泪纵横。爷爷还经常听见我喊他，以为我回来了，得知是听错了，就一脸落寞。我的心，被濡湿了。

塞下雪漫，衡阳雁去。故乡始终是心头一粒朱砂痣，时时惊醒梦中人，故乡也是一段殷切的期盼，乘着游子飞翔。因着爷爷的期望，孩儿软化着远方的苦难。

作为一名驻守在中俄边界的边防军人，我深知，如果我回家过年，就意味着会有另一个人站在我的岗位上，意味着另一家的不团圆。一家不圆万家圆，保家卫国的那个家从来就不是小家。正如歌里唱的："好久没回家，不是不想家。"祖国更需要我，人民更需要我。穿着这身军装是一种义不容辞的责任，亦是对祖国、对人民的一份铭心刻骨的钟情。幸福的涵义很广，舍小家为大家，收获的是一种更深层次的幸福。为祖国守岁，为人民站岗，人民安居，四海安澜，这就是我送给爷爷最珍贵的礼物，送给祖国最珍贵的礼物！

我的心，沉沉的。我的眼睛里再次涌出了晶莹的记忆。泪光中，我仿佛看到爷爷此时正坐在我定制的大蛋糕前，柔和的烛光映照着他慈祥的脸庞，自豪地对别人说，"这是我孙子送给我的，我孙子年轻有为，不单孝敬我，还为国家戍边，尽管不能回来过年，可我已经很满足了。"

"祝你生日快乐，祝你生日快乐……"熟悉的旋律袅袅升起，回荡耳际，我心中已然是满满的幸福，满满的骄傲。爷爷虽然年事已高，可身体还算硬朗，精神也很饱满，这已是我最大的幸福。以我观物，万物皆着我之色彩。依然是那片天，却仿佛湛蓝了许多；仍然是那片雪，却仿佛温暖了许多；还是那熟悉的旋律，却仿佛温馨了许多；纵然是那莹莹的泪光，却在朦胧中清晰了幸福的模样。

人在天涯，情在心间。我听到幸福盛开的声音，倾国倾城。

一个“黑”出租车司机

在人生不尽如人意的时候，我们该采取怎样的态度去生活？在殷勤与笑脸换来的却是嘲弄与冷漠时，我们又该怎样调整心态，积极地面对生活？

今天和妈妈去柳巷逛街，晚上回家的时候站在路口怎么也打不上车。正在焦急发愁的时候，一个开着白色小车的小伙子探出头来说要捎我们一段。知道是“黑车”，可当时已经晚上九点多了，打车的人那么多，还不知道什么时候能回家，所以怀着忐忑的心情上了“黑车”。妈妈警惕性比较高，在上车前记下了车牌号，说万一有事也好报警求助。就这样，我们开始了担惊受怕的回家之旅。

开车的小伙子二十多岁，一路上烦躁不安，一会儿把音响开得很大，一会又不耐烦地关上。遇到车少的地方就突然加速，看到前面有车又紧急刹车，碰到堵车动不了的时候，就不停地摁喇叭，嘴里还骂骂咧咧，好像全世界都欠着他人情。每当看见路边有想要打车的人时，他都会摇下车窗，殷勤地问要不要打车，可回应他的又总是厌恶和躲避。每到这时，他都会悻悻地摇起玻璃，咒骂人家一通。他憎恨这个世界，讨厌自己的职业，咒骂所有不合他意的东西，浑身透着一副失败落魄者的气质。

我想，他的落魄或许与他成长过程中受到的家庭与社会不良引导有关，但最重要的还是他自己不争气。人生是自己的人生，路是自己的路，怎样走完全取决于自己。不要抱怨这世界没给你什么，而要珍惜这世界给了你什么。心浮气躁是一天，平心静气也是一天。都说和气生财，每天带着怒气和怨气生活，又怎能不困顿呢？

不仅是那个开车的小伙子，我们每个人也一样，也许生活并不会那么称心如意，但我们还是应当乐观积极地去应对。微笑着过好每一天，积极改变境遇，得到自己想过的生活，如此才能不虚度光阴、浪费生命。

姥姥　姥爷的爱

你们的爱像春风化雨滋润着我们，不愿带走什么，只为驱散我们心头的燥热。你们的关怀虽质朴却独特，独特的方式正显示了你们对儿女无私的爱。这一切，只因你们在乎。

每当晚上看《新闻联播》时，脑海总会浮出这样一幅画面：你们戴着老花镜，一个在躺椅上目不转睛盯着屏幕下方的名字，猛然看见心中期待的名字，总会激动地坐起来，好似发现新大陆一般，忙招呼另一位过来看。另一位也赶忙放下手头的事情，一起聚在电视机前，神情严肃，像检查工作的领导，对下属提出甚严的要求，这条新闻有多长时间，画面好不好，都要评论一番，之后，心满意足地关掉电视，像是完成了一件大事一样。我常常怀疑，你们看新闻究竟看到了哪些国家大事，仅是为了看到爸爸那在屏幕下方的名字吧。

只要前一天晚上有爸爸拍的新闻，第二天早上保准铃声响起，接着便从电话那头传来喋喋不休地评论："昨天看见小李的片子了，还不错，就是那个领导说得不好，表情不自然……"。紧接着，男中音就换成了女高音，想必那边是进行了一番激烈的电话争夺战吧，"我看天气预报，这两天降温，还要下雪，多穿点，让小李路上慢点……"。以前每当听到这些话，我都有些不耐烦，学业的压力已把我压得喘不过气，身心疲惫，浮躁易怒，柔软的心，日渐冷酷。而现在渐渐长大的我似乎明白了什么。

是啊，你们老了，儿女不在身边，没能享受儿孙绕膝、子孙满堂的天伦之乐。你们想和儿女说说话，想知道儿女过得好不好，工作顺不顺利，但却总怕打扰到他们，怕给他们添麻烦，这全都是因为你们对儿女深深的沁入骨髓的在乎。

爱的端口总是向下的，姥姥姥爷，你们那独特的关怀就像温暖的阳光，总能让我日渐冷酷坚硬的心瞬间冰消雪融，化为一湾柔软的水，化为对你们绵绵的思念。

小区里的清洁工

每当看到你挥着大扫把在灰尘中“沙沙沙”时，每当看到别人皱着眉、捂着嘴绕着你走过时，我就会莫名的钻心的痛，就会想起我当时的浅薄和愚妄，内心的愧疚、自责溢满心头。真的好想和你说声对不起。

刚搬家过来，我第一次见到了你。你是我们小区的清洁工，四十出头的样子，背却已显佝偻，短短的黑发像一团枯草盖在头上，灰蒙蒙的、脏兮兮的。你娴熟地挥舞着扫把，那么安详，那么快乐，好像你手中拿着的不是一只扫把，而是你的梦想和希望。你所到之处，灰尘漫天，破旧的衣服，尘土的味道，一把扫帚，似乎就是你的一切。

小区的许多人都认为你智商低，是大家嘲笑讥讽的对象。从来没有人正眼看过你，看见你都躲着走，我也一样。

有一次，我要出门，正好你在院里挥舞着大扫把清扫院子。我想和你打个招呼，但最终还是低下头快步离去。你好像看出了我的犹豫，向旁边让让，冲我微微一笑。我不敢抬头看你的眼睛，不敢正视你真诚的目光。那一刻，我突然觉得自己好势利，一向自认清高的我认不出自己了。脚步离你越远，我的心就愈发沉重。你挥舞扫帚的“沙沙”声像一条灵魂的戒鞭，狠狠地抽打着我的心，像一把钝刀，在那并不长的回家路上将我的灵与肉寸寸凌迟。

好想让时光倒流，那时的我定会快速回转身，走到你面前报以真诚的微笑，为自己的不礼貌和轻视，向你说声对不起。不求你的原谅，只想让我日渐蒙尘的心得到一场彻底的洗礼。

长久以来，人们总把自己想得太过高贵，常常倨傲不恭，忽略了身边那些卑微的小人物。但可曾想过，他们也是可敬的劳动者，他们也有尊严和人格。没有他们的辛勤劳动，何来我们整洁美好的社会？没有他们饱尝辛酸苦辣的泪与汗，何来我们所谓“高贵的人”的欢声和笑语？

每次见到你，我都会感到愧疚与自责，我只能在心底默念“对不起”，默默地用海子的诗祝愿普天下所有的“你”，“愿你有个灿烂的前程，愿你有情人终成眷属，愿你那可爱的前途光明”，也愿你能够在公平的阳光下有尊严地活出自己！

妈妈的心

十二年的成长，十二年的关爱，十二年的历程，十二年的教诲。一句句鼓励的话语，一声声温馨的呼唤，让我多少次找回信心，克服困难，走向成功。而我，却一直漠然视之，认为这都是她应该做的。母爱像一本厚重的书，直到现在，我才明白了妈妈的心，为那浓浓的情、深深的爱而感动。

记得五年级的时候，我偶然得知某报在举办征文比赛。我以前从没在报纸上发表过文章，也不敢去投稿，因为听到过太多的辛辛苦苦写出来文章投出去后却石沉大海的事。可那次，我却有一种莫名的冲动，一种想要突破发表文章“零”记录的欲望。我把想法告诉了妈妈，妈妈非常支持，鼓励我说：“不采用没关系，超越自己是最重要的，只要肯坚持，总有一天会成功。”

文章写好后，妈妈帮我往电脑里输。墙上的挂钟“嗒嗒”地摇摆着，窗外偶尔“滴滴”的汽车喇叭声划破了夜的宁静。夜已经很深了，妈妈的房间里隐约透出了一点亮光。扒着门缝往里看，我看见妈妈正坐在电脑前逐字推敲着我的文章，我的眼睛湿润了。妈妈的心，妈妈的爱，此时时刻，我已无法用语言来表述。

很快，我的文章发表了。我知道，这和妈妈一夜的辛劳是分不开的。

那以后我又写了很多文章，妈妈都不厌其烦地一一为我打印出来，再往各家报社投稿。为此，妈妈的眼角增添了许多皱纹，头上也平添了许多银丝。功夫不负有心人，至今为止，我已发表了五篇文章，这都是妈妈和我努力的成果。妈妈有颈椎病，为了我却长时间坐在电脑前打字，整天伏在案上帮我修改作文。妈妈的心永远充满着爱与关怀，永远有着春天阳光般的温暖。

妈妈的心，是一本厚重的书。妈妈的心，是一块圣洁的宝地。我爱妈妈，永远！

发表于《三晋都市报》2008 年 1 月 16 日

姥姥的梦

退休之前，我是一名普通的小学老师，没有轰轰烈烈的事迹，没有惊天动地的伟业，只是日复一日地过着两点一线的生活，相夫教子，生活平淡得没有一丝涟漪。现在，我退休了，儿女们都长大了，离开了家到城市生活，只剩我和老伴儿相依为命。逢年过节，是我们一年中最快乐的时候，一大家子围在一起吃团圆饭、唠家常，我准备得再辛苦也心甘情愿。但这几年，孙子和外孙都上学了，学业很忙，我想他们，想要他们回来看看，可他们总是不耐烦地说周末要上补习班，下周要考试，没时间。这也罢了，有时连过节说好要回来吃饭，中途也因有事来不了，只留下那一桌我早上 6 点钟就起来忙活的丰盛的菜。

我想他们，但我怕打扰他们。深深的牵挂，对往事的留恋，只能深埋在心底。

这天，我做完了一天的家务，看完如出一辙的电视剧，躺在床上，想念又开始蔓延。这样的情况已持续了好几天，我本想打电话，但一看表，11 点钟，他们大概睡了吧，还是不要吵醒他们的好。渐渐地，我进入了梦乡。梦中，我带着外孙走在乡间的小路上，路边的鲜花色彩艳丽，芬芳扑鼻，好似她小时候玩耍的地方。突然，狂风大作，天地变了颜色，草丛中“嗖”地蹿出一条巨蟒，将我的外孙团团围住，裹挟着逃得无影无踪。我大声呼喊她的乳名，无人应答。想到她挣扎着痛苦的样子，我却无能为力。世界好像变成了魔鬼！我一下被惊醒，后背湿了一大片。坐在床上，我再也无法平静，打电话的手伸过去又缩回来，几次拨号，拨了一半又犹豫着放下了，就这样，坐立不安地度过了难眠又漫长的夜晚。不知过了多久，公鸡响亮的打鸣声将我焦虑的心拉回现实中，看看表，六点半，这是外孙起床的时间。我扑到电话旁，颤抖地拨通女儿的电话，心忐忑不安地跳着，“嘀——嘀——嘀。”“喂？您找谁？”女儿迷迷糊糊的声音穿过听筒，她似乎还睡眼惺忪地刷着牙。“家里没什么事吧？”我焦急地问。“没有，挺好的，您也好吧？”“今天千万要注意安全，我昨天做了一个梦，一条大蛇……”“行了，妈，我会注意的，您也保重，再见！”“嘀——嘀——嘀……”我还想说几句，女儿却挂断了电话。哦，幸好没事，我长舒一口气，倒头便睡。

寒风中的拾荒者

始终无法坦然面对寒风中乞讨或拾荒的老人，始终不愿从他们身边走过，因为我怕生活的沧桑和老无所依的悲哀压得我喘不过气来。节日的气氛越是浓烈，街上越是张灯结彩喜气洋洋，我就越不敢走近他们。辨不出颜色的旧军大衣，深刻着皱纹的脸庞，浑浊迷茫的眼神，都让人不忍直视。

院里总有一位老太太，一米四多一点的个头，腰也快弯成了九十度，把自己裹在一团厚厚的破棉衣里，到哪里都拖着几条脏兮兮的编织袋。

她是拾荒者，常在院里的垃圾桶里翻东西。每次见到她，我都不由自主地低下头快步走开，一路的欢声笑语在看到她的那一瞬间戛然而止，不是因为厌恶，而是感受到扑面而来的生活压力。一种巨大的悲哀涌上心头，让我几乎不能自持。

一天晚上回家，听到垃圾堆旁有动静，心想肯定是只野猫在那儿翻吃的呢，可走近才发现是那个老太太正在黑暗中努力寻找着什么，笨拙而困难。不忍看她那佝偻的身体几乎埋在散发着恶臭的垃圾里，更不忍回忆起自己走过时她畏缩着退到一边的胆怯样子，不想直面自己的内心，我最终还是选择低头假装看不见，冷漠地快步离开。

曾经有多少次在寒风凛冽的街头听到衣衫褴褛的白发老者无助的乞求，曾经有多少次在熙熙攘攘的人群中看到长跪不起的乞讨老人蜷缩着瑟瑟发抖。是啊，只有几步之遥，一边是灯红酒绿、滚滚红尘的花花世界，而另一边却是孤独无依、暗夜无眠的凄凉晚年，这几步远的距离看似简单，却是那些拾荒、乞讨老人一辈子都没迈过去的万水千山。

有时候特别鄙视自己的懦弱，明明很想帮助他们，却始终不敢迈出第一步；明明很想尽绵薄之力给他们温暖，但就连一个灿烂的微笑也无力给予。我不期望别人能为那些老人做些什么，我只希望自己今后能鼓起勇气做那些一直萦绕在心头却始终未敢迈步的事，温暖他们，也温暖自己。

我的另类同学舟舟

今天，舟舟做了一件让人大跌眼镜的事，但从这件事上，我发现了他隐藏在深处的闪光点，让我不由生出一丝敬意。

我和舟舟初中就是同学，我曾经数次担任舟舟的组长，对其上窜下跳、左扯右闹式捣乱法深恶痛绝。因为有了舟舟，组员们的鞋带常常与板凳难舍难分；因为有了舟舟，组员间因座位问题矛盾重重；因为有了舟舟，组里再无宁日。总之，当时我是多么热切地盼望舟舟能到其他组，让我们安静一段时间，哪怕几天也行啊！

转眼间到了高中，鬼使神差般，我和舟舟又成了同班同学。我心想完了，这家伙折腾起来，非把房顶掀了不可。果不其然，舟舟还是那副吊儿郎当不操心的浑样。上午四节课后的周练，大家都饿得头晕眼花，前心贴后背。突然，一阵烤鸡柳的香气传来，惹得大家直咽口水。扭头一看，是舟舟在那儿埋头大吃呢，边吃还边故意发出很大声，恨得人不能吞了他。这般美食怎能逃得过班里那群“饿狼”，三两下舟舟的美味就被抢光了。舟舟哪肯善罢甘休，与众“狼”闹在一起，弄得教室硝烟四起，鸡飞狗跳，好好的一堂周练课就以战争片的形式结束了。

以上场景是舟舟出没时的常态，但大多数时候，舟舟都是神龙见首不见尾，可能上节课他还坐在你的前面，下一节课就没影了，也许到晚自习大家正安静地写作业呢，门被悄悄推开，探进来的就是舟舟那鬼灵精怪的脑袋。探明形势安全后，他才大摇大摆地走回座位，顺道还不忘招招这个，惹惹那个，又搅黄了晚自习。

对于舟舟，我已经几乎无话可说。你说他，他就嬉皮笑脸地气你，你不说他吧，他又实在太吵，只能采取敬而远之的态度，不招惹为好。

今天下午，舟舟又失踪了。我想他肯定又跑出去跟那帮狐朋狗友玩去了，真为他惋惜：多聪明的孩子啊，怎么就不学点好呢？

大约晚饭时间，啪地一声，门又被推开了。舟舟穿着那件能亮瞎人眼的亮蓝色羽绒服，背着他的大书包，风尘仆仆地回来了。扑面的凉意让我不禁打了个寒战。看得出，舟舟今天心情特好，瘦长的脸都被掩饰不住的笑容撑圆了许多，走起路来好像有尾巴翘在天上，嘴里还哼着小曲。

一进门，RR 看到舟舟喜难自抑，便问道：“呀，舟舟！今儿是有什么好事儿呀？把你高兴成这副德性？”只见舟舟把脸一绷：“慢着，从今天起，我就改叫舟舟老板了，尔等不许造次！”他正装模作样地摆谱呢，被季哥一拍脑袋：“快说吧你！”他这才继续，脸上还带着刚才的那种骄傲和自豪：“今天，就在今天，你舟哥我一个人，注意是一个人，去古玩市场卖出我的藏品，卖了 20 块钱呢！”说到这里，RR 不屑地说：“才 20 块钱，值得你这么高兴，你打车去连路费都不够。”舟舟丝毫没有理会 RR 的不屑，继续给我们讲他的生意经。“你可不知道”，他说着拍拍自己的背包：“你舟哥我，就一个人，拉住人家问价，要不要，凭着哥这副口才，终于将我的一本集邮册卖出去了，卖了 20 块钱。怎么样，厉害吧？”说罢，捂着脸不无炫耀地看着我们，“那你包里剩下的呢？”“没事，总会卖出去的，大不了多跑几趟。你舟哥这么厉害，还有办不成的事？”

听着他斗志昂扬的话语，看着他自信满满的脸庞，我为自己从前的偏见而懊悔。如果换做我，我是否有勇气到大街上跟人讨价还价？我是否肯放下身段和面子一遍遍地询问买主？我是否肯受那个在寒风中站一下午的苦？可能对我来说，真的太难了。而舟舟，平常我甚至有点看不起的舟舟，做到了，还做得那么出色，那么完美，让我顿时自惭形秽。

或许，舟舟是不爱学习，可他对于收藏的热爱却是发自内心的。或许，舟舟是顽劣，可他那自信的笑容和巨大的勇气，又让他显得那么耀眼，那么与众不同。

放下偏见与歧视，摘下有色眼镜，我们会发现身边的人原来都有美好的一面，有闪光的一面，而我们，也在宽容中得到了启发，吸取了精华，微笑着继续向前。

早上的温暖

今天要考试了，我怔怔地看着天花板，怎么也睡不着。无聊地看看手表，才五点半，紧张、焦虑随着表盘上秒针的嘀嗒声愈演愈烈。霎时间，竟觉得时间过得太漫长，漫长得躺在床上的每一分、每一秒都那么难熬，又觉得时间过得太快，让我不得不去面对那讨厌的考试。

忽然间，好像听到了几声锅碗瓢盆轻微的撞击声，很清脆、很好听，像在演奏着一首美妙的乐曲。我想，一定是姥姥在给我做饭。唉，她年纪大了，为什么不歇歇呢，还这么早起来给我做饭。想到这里再也躺不下去，起床推开厨房门，果然是姥姥。正值夏天，早上温度也不低，厨房又炒着菜，一进去便有一股热浪袭来。姥姥诧异地看着我，竟有点歉疚地说："我把你吵醒了吧？"望着姥姥挂满汗水的额头，一股暖流涌上心头，一时间眼睛有些湿润，哽咽地说：“没有，我早醒了，您也歇歇吧，不着急。”说着退出了厨房。

一会儿，妈妈也起来了，看着我正吃饭，便坐下来不停地给我讲考试注意事项，什么要记得写名字啦，答题字要写好啦，思品要答全啦，一些平常再熟悉不过的事反反复复说了好几遍。我静静地听着，没有像平时一样不耐烦地打断，就像听着马可福音，沐浴着爱的甘霖，我知道，这是细腻的母爱，是温暖的嘱咐。

吃完饭，看看表，七点二十，该走了。我收拾好书包，正要开门，就听见房里传来爸爸的声音：“小李，别紧张，好好考试！”那声音带着一丝关爱与亲切，像一股暖流，让我心里充满光明。妈妈打开门，目送我下楼，说：“别紧张，尽力就行。”我大声答应着，声音在楼道里回荡，那是爱的回音，是亲情的希望。

带着这份温暖信心满满地踏上考试的征程，我的心不再彷徨与麻木。我知道，有这份温暖，这份关爱，在人生的道路上，我不会孤单。我会走得更远，因为有爱。

乞丐的尊严在哪儿

你春风中飘动的白发，安详的容颜，平凡但震撼心灵的琴声，还有你那生命的尊严，是我春天最美的记忆。

——题记

和妈妈走在熙熙攘攘的步行街上，明媚的阳光丝绸般撒下来，带给人暖暖的春意。恍然间，我看到了你。

你端坐在人行道旁，身前放着已是斑斑驳驳的白瓷缸。你并不像其他行乞的人那样跪着，用哀求的目光望着路人，而像一个超然物外的仙翁。行人从你身边飞快地走过，不肯留给你一个回望的目光，而你却全然不在意，依旧闭着眼陶醉在你二胡的世界中。春风吹起你的白发，和着音乐的旋律尽情舞动。你陶醉地微笑着，嘴角微微上扬，恰似一弯新月。在你的脸上，我看不到对窘迫生活的抱怨和无奈，看不到那种行乞之人的哀求和卑微，看到的是一颗虽平凡但饱含生命尊严的心！

浮躁的现代社会，道德的丧失，尊严的被漠视，一切的一切，都被笼罩上一层令人厌恶的铜臭气。那些行乞之人，放弃生命的尊严，放弃膝下的黄金。那一跪，失去的是灵魂，是自我！

你的琴艺并不高超，但却有一种震撼人心的力量。饱经沧桑的琴声中，有你的尊严和不屈，有你的希望和梦想！

我怀着崇敬的心情向你走去，郑重地将硬币放到那破旧的白瓷缸里。你的双眼依然微闭，嘴角依旧挂着安详的笑容，显出一份超脱。你没有用感激的眼光看我，也没有对我说一声感谢，但我毫不在意，因为这是你生命的尊严，是你用自己质朴的琴声换来的报酬。

阳光依旧明媚，偶尔飘过的几朵白云把蓝天映衬得格外高远，一如你那颗高远的心。时光在这里定格，你是我春天里最美的记忆。

曾经的你，能回来吗

提起笔，眼前忽然闪过你的身影——胖胖的、粉嫩的脸蛋，小小的酒窝，浅浅的微笑，说话时露出的两颗小虎牙让你充满了灵动和活力。多么像个可爱的小天使，不食人间烟火。

小学时，你成绩中等，虽不能算是“好学生”，却也不差。那时的你，特别喜欢问问题，什么时候见到你都是一副思索的表情，被别人看到了，便不好意思地笑笑，脸颊泛起的红晕，让人愈发觉得可爱。记得那次考试，下了考场，你可能感觉考得不理想，一个人躲在操场的角落里抹眼泪。我发疯似地找你，看到你伤心的样子，我的心很疼。我仔细地询问，耐心地开导你，你好像明白了什么，又好像看到了失败背后的一丝希望，最终破涕为笑，我也笑了，笑得很开心。

毕业后，我们再没有联系，你却时常浮现在我的脑海里。在我伤心失望的时候，总会想起你那纯真的脸庞和充满真诚、鼓励的眼神，之后便在痛苦中得到一丝安慰。

那天上学，意外地碰到了你。我高兴极了，兴奋地跑过去和你打招呼，你却面无表情，一脸漠然地看着我。我一下子愣住了，这是你吗？头发染成了淡淡的黄色，似乎还有烫过的痕迹，穿着打扮，简直……我麻木地跟你打招呼，期待的心凉了半截。和你并肩走在马路上，车从旁边呼啸而过，行人来来往往，一切都和从前一样，可我怎么会有掠过心头的一丝难过呢？在交谈中，你告诉我，你现在对学习彻底丧失了信心，看谁都不顺眼，你还说现在与班里的同学不和，每天和外面的“朋友们”闲逛，经常被叫家长，回家后就会很空虚，还交了一个混混男朋友。你让我看手臂上的一道道划痕，有深有浅，纵横交错，有的还泛着血丝，令人触目惊心。你说心情不好时就拿刀背划，有一次差点割到动脉……这条路其实很短，我们就这样走着，在从前，一路的谈笑风生总让人觉得时间太快，而现在，我却觉得这条路太漫长，漫长得我不知如何让自己奔腾的思绪停下来。

我想了许多，是外界的诱惑让你脱去了清纯善良的外壳？是新的环境让你改变了许多，宁愿随波逐流？抑或是，你已不再是从前那个可爱的你，自甘堕落，宁愿丧失一生的前途？醒醒吧！不要泯灭自己善良的

本性，重新找回自己，你还是那个一笑就露出小虎牙的可爱天使！我呼唤曾经的你快点回来，重新开始新生活，重新拥有美好的未来！

熟悉的陌生人

在那以前，我觉得他很平凡，甚至粗俗；从那以后，我被他的坚忍折服，甘愿奉献此生永无悔。

——题记

我是一盏碌碌无为、虚度光阴的矿灯，我一直这样认为，终日只能无聊地发亮来欺骗麻木的自己，跟着他在漆黑的巷道中摸索，却不知何时会走向生命的光明。我是一盏没有追求、没有志向的矿灯，我认为他也和我一样，只是混混日子、磨磨洋工罢了，因为他没有文化，言语粗俗，衣服始终邋邋遢遢、沾满污垢，尤其是那双泛着油光、黑希希、裂着口子的大手，让人有种说不出的别扭和厌恶，这就是我的主人——一个连我都有些看不起的主人。我想，也许除了他的亲人，我就是他最亲近的人了吧！唉，命运注定，只能听天由命。

一切的改变缘于那次命运的刹那变轨，我的心从此与他相随。在命运齿轮瞬间摩擦出的火花中，我看到了不一样的他，看到了我自以为熟悉却刹那间感到有些陌生的，让我骄傲、敬佩的他。

我现在还清楚地记得，那是2010年的3月28日，王家岭矿发生透水事故。那时的他，正戴着我在巷道中前行，我依旧像往常那样闭目养神，与周公对弈。大水冲来的那一瞬间，我听到他的惊呼，猛然一看，吓了一跳，水势汹涌无法阻挡，脑海中突然闪过一个念头：这次完了，也许我真要在这里安息了。我绝望地摇摇头，却发现他正疯狂地撕自己的衣服，衣服的撕拉声与大水的咆哮声让我恐惧极了。水已没及小腿，他的衣服也被撕成粗条。水漫到了他的腰，他的胸……我不忍再看，过了一阵，只觉得剧烈的震动后，好像被倒挂了起来，在短暂的生死转换后，稍喘口气的同时看到了他用衣服布条把自己绑在了顶部的铁丝网，正吃力地调整自己的状态，那混浊的眼神，除了痛苦，竟还透着一股坚定、一种坚强。我突然有种陌生的感觉，这是他吗？这还是那个粗俗的他吗？我不敢想象。

大水依旧在奔腾着咆哮着，似乎没有停歇的时候。时间在慢慢流逝，我从未觉得时间如此漫长，长得让人发怵、无助、孤单，绝望吞噬着我，冰冷的暗夜只有我与他相依为命，从未这样的熟悉、亲近，却又从未这样的陌生。一天天的等待，我知道，他已坚持不了多久，我为他担心，怕他撑不住，却又被他的坚忍激励着。我咬着牙，努力地发着光，给他也给自己留下勇气和希望。我突然觉得生命如此宝贵，如此有价值，在几近枯竭之时却好似注入了无穷的力量。哦，我的他，那熟悉而陌生的他，眼神依旧那么坚毅，那么有力量。我想，他是为了他的家人吧。多么坚强的人啊！他也许不知道，他正在创造的是生命的奇迹。

八天八夜，他已精疲力尽，疲惫的面色让人看着心疼。突然，一阵亮光刺得我睁不开眼睛，定睛一看，那是两只手电，那束光后面是救援人员！他突然兴奋起来，大声呼喊，我也拼命亮着。我知道，希望的大门正在向我们徐徐开启。他的呼喊声嘶力竭，那是从心底发出的对生命的追求和渴望；是坚忍的种子，在平凡的矿工身上长出的参天巨木震动天际的摇撼。心被彻底地震撼！他，熟悉而又陌生的他，是真正的勇者，真正的英雄！

被抬上担架的那一刻，我心释然了。八天八夜的恐惧与担忧彻底抛下，对他的坚忍的敬佩油然而生。看着他安心的面庞，我开心得笑了。

我想，他得救了，我们不会再分开了，我要用我的生命，伴随他的旅程，无怨无悔！我想，不仅是他，还有所有被困井下的矿工兄弟们，都会得救，因为他们身上都有那种坚毅、坚韧与坚强。抛弃对他们的旧有成见，他们身上同样闪烁着不可泯灭的光芒，他们是我们熟悉的陌生人，更是平凡中最伟大的英雄！

在担架的颠簸中，静静地躺着，闭上眼，梦到了希望。

小学老师的爱

在我的记忆中，最难忘您那如笑月般弯弯的眼睛，厚重的镜片仍阻挡不了您那暖暖的温情。最难忘您讲到大地震中死难的孤儿时的满眼含泪，谈到奥运会成功举办时的骄傲自豪。您的笑是我的力量，是您所有学生的力量，它千秋不衰。

您从来不打骂我们。我们考好了，您笑得那么灿烂；没考好，也只是用惋惜的眼神望一眼学生羞愧得涨红了的脸，这个学生便一定会发奋图强，只为老师深沉的爱。

有一件小事，我不知道还值不值得提它，但回想起来，在那时却占据着我的心灵。那是三年级的“十佳少先队员”竞选，三至六年级的一千多名学生竞选十个名额，如果被选上了，是一件多么令人骄傲的事！经过层层选拔、选举、电视演讲投票，我以微弱优势击败了其他竞选者，夺得了“十佳少先队员”的桂冠。那次，三年级只有我一个人当选。羡慕、鼓励、掌声、赞扬，如潮水般涌来。老师们都说这太不容易了。我整日沉浸在其中，对自己的成绩飘飘然起来。终于有一天，您把我叫到了办公室，一脸严肃地对我说：“以后的路还长，需要努力、改进的地方还有很多。这次的成功只是过去，甚至是侥幸。该怎么办，我相信你已经知道了。去上课吧！”望着老师信任的笑容和坚定的目光，我冷静了下来，重新审视自己，并以此为诫奋发向上。以后每每取得一点成绩，我的耳畔总会响起您的教诲，浮现您的笑容。

我记得您最爱说的话就是“少年强则中国强”，秉持着这个信念，您对您的学生关爱有加，希望他们早日成才报效国家。今天，望着毕业照上您绽放的笑颜、饱含殷切希望的眼睛，我就信心满满。您的笑靥千秋不灭，您的爱万古长青！

老大蔬菜店

诚信是人生的命脉，是一切价值的根基。

——题记

在离我家不远的街上，蔬菜店比比皆是，一个挨着一个，因为靠近居民区，菜店自然人来人往。每次同妈妈去买菜，总会发现一个奇怪的现象，虽然菜店很多，但人们似乎都只去一家买，这引起了我的注意，也让我对那个神奇的蔬菜店——老大蔬菜店产生了浓厚的兴趣。

从店面来看，普普通通，环境虽十分整洁，却也不算优美，难道是里面卖的东西有什么特别吗？可仔细看去，西红柿也是红的，黄瓜也是绿的，同一般蔬菜没什么两样，这就让我疑惑起来。

老大蔬菜店依旧人来人往，而其他蔬菜店则似乎依旧冷冷清清。从来买菜的人们不经意的谈话间，我听到了一件让我十分震惊的事：有的人家离这儿很远，走路要 20 多分钟，在中辐院住的也过来买。要知道，来这儿的途中，可还有好几家卖菜的地方呢！这更让我百思不得其解。

突然有一天，妈妈回来兴奋地跟我们说，在附近新开了一家“开基便利店”，那里的东西又便宜又好，我们不用再走那么远去“老大”那里买了。妈妈的话不禁让我对老大蔬菜店的命运担忧起来，遇到这么强劲的对手，“老大”能战胜吗？果然，开始的几个月，“开基”每天人满为患，“老大”的人流量明显少了许多，我想，老大要撑不住了。可令我奇怪的是，“开基”热了没几个月，便迅速消退，“老大”那里的人又多了起来。一天吃饭时，偶然谈起这个话题，妈妈的话如醍醐灌顶，让我恍然大悟。妈妈说，老大蔬菜店的菜又便宜又新鲜，还不掺假，“开基”原来还好，现在居然在好菜里面掺烂叶充数，自然没人去了。

困扰了许久的谜团终于揭开，而我却没有一丝的轻松感，我陷入了沉思。“诚”字是多么普通，却又多么重要，为什么好多人就意识不到呢？“自古皆有死，民无信不立”，孔子的话如此恳切，却为什么没人愿意去实践呢？“与人以实，虽疏必密；与人以虚，虽戚必疏。”诚信是最重要的啊！

再次踏入老大蔬菜店那并不华丽的空间，在带着泥土气息的蔬菜中我竟闻出诚信质朴的芳香，再次看到菜店主人穿着破黑夹克忙碌的身影，我释然地笑了。那是一个多么淳朴又多么诚实的人呀，也许他并不懂得所谓的经商之道，并不会讲那些空虚的大道理，却用自己的实际行动告诉我们：诚信为贵，巧诈不如拙诚。

突然想起杨时的一句话“自谋不诚，则欺心而弃己；与人不诚，则丧德而增怨”。诚信永远是立身之根本，因为生命永远不可能从谎言中开出灿烂的鲜花，诚信是一切价值的根基。

诤友，我想对你说

所谓忠言逆耳，良药苦口，诤友大概就是这样的朋友。他们对你的错误绝不姑息迁就，会用直言将你拉回正道，会用严厉的剪刀将你的旁枝冗节剪掉，让你长成笔直的参天大树。诤友，是人生路上的财富。人生得一诤友足矣。

诤友，我想对你说些什么，千万句话却哽在喉咙无法言说。

还记得那次普通却又不普通的数学考试吗？它让我彻底改变了。那种不会做题的煎熬与难受让我至今难忘。看着表盘上的指针一分一秒地转过，看着几乎空空如也的试卷，大脑一片空白，思维也好像瞬间停滞了一样，任我怎样绞尽脑汁也无法将那些看起来并不复杂的几何题攻克。我像一个孤立无援的败将，一次次向难题发起进攻却又一次次败下阵来，豆大的汗珠从额头上渗了出来，脸涨得通红，心好像被架在火上烤，难受极了，着急极了。扭头看看同桌，她正奋笔疾书，答案近在咫尺，老师又不在……我的心砰砰地跳起来，看，还是不看？看了，或许能拿到满意的分数，可那样做真的对吗？不看，那么多空的题肯定让我分数极低。怎么办呢？

这时我猛然抬头，发现一双眼睛正意味深长地看着我，那是你，我最好的朋友。那眼神里有严厉的斥责，也有坚定的鼓励。从你那复杂的眼神中，我读出了期盼，读出了希望，却也读出了深深的担忧。刹那间我像被什么击中了一样，猛然惊醒。我怎么能有这么恶劣的想法呢？做事重要，但做人更重要啊！我不再犹豫，坚定地把头扭了过来，重新奋斗在题海中，我要通过自己的努力取得我应有的成绩。

放学了，我和你并肩走在回家的路上，谁都没有说话，一直沉默着。终于，你开口了，只是淡淡的一句却让我铭刻在心，“以后好好学”。刹那间，一种深深的愧疚涌上心头，但同时，一种坚定的信心也油然而生。我不会再那样了，我要用努力换取回报！

现在，每当我遇到困难孤独无助的时候，每当我想要投机取巧违背良心的时候，我总会想起你——我的诤友，我真正的朋友。我就会更加坚定地面对困境，努力战胜它，也战胜自己的懦弱。

诤友，我可爱的诤友，是你让我走上了正道，是你让我坚定地抛弃了心灵的阴暗面。在此，我想对你说：谢谢你！你是我一生的财富。

童真童趣

TONGZHENTONGQU

我从这本书里找到了自己当年的影子，曾经的奋进、努力和坚强就在自己眼前，就在这本书里。相信学妹一定会青出于蓝而胜于蓝！

——郭小瑜（山西大学附属中学2011级毕业生，现北京大学哲学系大三学生）

一只小青蛙的控诉

尊敬的人类：

我是一只名叫胖胖的小青蛙，现在我已经家破人亡，无家可归了。在夜深人静的时候，我只能躲在垃圾堆旁的黑暗角落里默默流泪。

从前，我拥有一个快乐幸福的家庭，我们祖孙三代都生活在美丽的池塘里。早晨，我们高兴地唱歌，在微风中享受生活的美好；黄昏，我们静静地入梦，在我们看来一切都是那么美好。一年四季，春夏秋冬，我们一直过着安谧平静的生活。直到有一天，两个小商贩的到来打破了我们宁静的生活。那是历史上最黑暗的一天，我的爷爷奶奶正在夕阳西下的黄昏美景中相依相伴，共同感叹这美丽的夕阳红，罪恶的网向它们撒下；我的父母正勤劳地捕食着夏夜的蚊虫，罪恶的大手又把它们推入了黑暗的深渊；我的弟弟因为贪玩，晚上没有早点回家，也被捉走了。一夜之间，我接连失去了五位至亲，为了告状，讨回公道，我跟随着他们来到了城市，亲眼看到了亲人们被无情地折磨。

一群肥头大耳、大款模样的人，一边吃着炸酥了的青蛙腿，一边笑嘻嘻地和旁边的美女谈着什么，满嘴流油。我感到我的灵魂在复仇的烈火中燃烧、爆发……我的至亲们被黑店老板无情地摧残，被红烧后摆上餐桌，我眼睁睁地看着，却无能为力。我还看见，餐桌上天上飞的、地上跑的、水里游的，应有尽有。人们丝毫没有为他们所犯下的罪行而感到忏悔，反而觉得理所应当。野物越多，人们越喜欢，认为这是财富的象征，是待客的排场，这更为那些黑心的商贩提供了获取暴利的机会，这让我们动物倍感忧虑，生怕哪一天就要与亲人经历生离死别。

尊敬的人类，请放下你们残害生灵的猎枪，请擦干你们残害生命的恶手，不要再恣意伤害我们了。少了我们，你们的田野将害虫满地；少了我们，美丽的池塘将蚊虫遍及；少了我们，无际的湖畔将失去生机；少了我们，大自然的生物链将遭到破坏。保护我们，就是保护你们、保护地球。请允许我们幸福地生存下去吧。

小青蛙胖胖

多情又无情的雨

雨是温柔多情的，她用那修长的手臂把万物包揽在怀里，像母亲一样用慈祥的目光温柔地注视着。大地一片寂静，只有她独自哼着优雅的歌曲，“沙沙沙”、“沙沙沙”，美妙而动听。

蒙蒙细雨中，花儿草儿们尽情地吮吸着雨妈妈的乳汁，奋力向上生长，希望长大以后能报答她们的母亲——慈祥的雨。同样，蒙蒙细雨中，人类也在进行着圣洁的洗礼。

雨越下越大，地面上的积水也越来越深。马路上，汽车疾驶而去，平静的水面立即泛起了涟漪，水波荡漾，无数纯洁晶莹的水珠竞相开放，美丽极了。

然而，雨也有她粗暴无情的一面。她一发怒，无数房屋倒塌，无数生灵死于她的脚下。可她仍在狂笑：“这都是你们人类自己造成的。你们破坏森林、破坏植被，让大地都为之颤抖；你们猎杀动物，残忍地捕杀自己的朋友。愚蠢的人类，你们竟然在自己的家园里摧残自己的朋友，为了一己之欲而残杀，直到血流成河也不肯罢休。”原来她是如此地痛恨人类，虽然人类是她的孩子，但人类伤害了她其他的孩子，所以她要报仇，为她失去生命的其他孩子报仇。

啊！雨！如果没有你，万物就不会生长，就没有植物，也不会有动物，这世界就不会如此美好。我们一定要爱护环境，保护地球，以博得你的慈爱，你的呵护！

发表于《三晋都市报》2007 年 7 月 12 日

会变魔术的手

春天的手，
是翠绿色的，
它抚摸着大地，
轻拍着山川，
把希望的种子，
深植在心田。

夏天的手，
是火红色的，
它用强烈的光芒照耀着大地，
染红了一切，
把激情的萌芽，
播撒在世间。

秋天的手，
是金黄色的，

它拂过大地，
让世界一片金黄。
把收获的果实，
送给辛勤劳动的人们。

冬天的手，
是纯白无暇的，
它覆盖大地，
净化了一切生命。

发表于《山西晚报》2007 年 6 月 12 日

有趣的热带鱼

我家客厅的鱼缸里养着几条活泼可爱的热带鱼，它们的名字和身体的特点非常吻合。比如，那四条横行霸道的“地图”，就是因为它们身上的花纹由一条一条的线构成，像一幅世界地图似的。那八只在鱼缸内占据着重要位置的“红鹦鹉”，身体则是鲜红鲜红的。还有一种鱼叫“蓝珍珠”，它们的身体表面散发着幽幽的蓝光，一见就让人特别喜欢，心头会涌上一种说不出来的愉悦。下面，我就给你讲一些它们的趣事吧。

到家的第一天，它们就开始闹腾了，但可能因为初来乍到，对周围的环境还不太熟悉，所以，当时它们的闹腾只不过是互相作势咬一咬而已。第二天，它们就开始你追我赶，把鱼缸底部的石子都碰得哗啦哗啦响，爸爸好不容易立起来的水草不一会儿就被它们弄倒了。第三天、第四天，它们更加肆无忌惮地到处搞“破坏”，就连妈妈早晨喂食时它们都要故意溅出许多水来，闹够了才扑上来抢食物，真是有趣!

还有一件事让我至今难忘。那天，因为有事，家里人一大早就全都出去了，谁也没顾上喂鱼。快中午时，爸爸回了家，可他还是没有记起喂鱼的事，是径直去客厅看起了电视。爸爸正看得起劲，就听见鱼在鱼缸里直扑腾，把鱼缸里的水溅得满地都是。最有意思的是，它们好像知道爸爸在那里坐着似的，专门将水往爸爸坐的那个地方泼。爸爸终于明白了，赶紧走过去给它们喂食，它们这才安静下来。你们说有趣吗?

真是几条捣蛋的、不让人省心的鱼。不过，它们也挺可爱的，你们说是吗?

发表于《三晋都市报》2007 年 8 月 30 日

归 巢 记

由于现在住的三楼至今未供暖，纷纷扬扬的大雪过后，家里更是冷如冰窖，仅靠空调那一点微不足道的温暖度日。经过商量，我们决定搬回阔别四年的六楼上的家去住。

原来的家在党校对面，位置非常好，曾见证了我美好的童年时光。在那里，留下了我童年酸甜苦辣咸五味俱全的回忆。相别四年，我对那里的记忆已不甚清晰，只是听妈妈说，那里变了好多，变得更方便、更人性化了。对于这次归巢，我充满了期待。

推开已不甚熟悉的家门，我突然感觉到了一种温暖而熟悉的气息，似曾相识，萦绕于胸中不肯离去。这里虽然已不是我离开时的模样，这里尽管改变了许多，但那种温暖，那种亲近的感觉却是有增无减。

看那面镜子，还是那么明亮，走近仔细端详，边缘竟还清晰地显现着我从第一天来到这里直到离开时，点点滴滴的身高变化，那用油笔画上去的横线就像一把时间的刻刀，镌刻着我童年的点滴，雕镂着我成长的丝丝印记。顺着镜的边缘向下找，试图找到刚到这里的“我”，竟是那么的小，比一比，竟只是现在身高的二分之一。看着那下面密集的横线，一厘米一厘米的，有时竟只是几毫米几毫米的增长，那时的我是多么渴望长高呀，几天就量一次，稍长一点就高兴得手舞足蹈，而现在身高的横线，与之相比，竟长了近 80cm，不禁默然。我真得变了好多，真得已不是从前那个无忧无虑、掉了门牙说话漏气的小顽童了。现在的我有了烦恼，有了自己需要承担的责任，有了自己对未来的追求。对过去的美好，唯一能做的，只有放在心底，好好珍藏。

再看那张茶几，多么熟悉，我曾经不止一次地想要让时间倒退，退回那个难以忘怀的下午。幼稚的我总喜欢蹲着看电视，而那张茶几，便是我的阻碍，经常是电视开着，沙发和茶几的夹缝间，藏着一个我。那天妈妈打电话，我像往常一样看电视，我想要挪动一下腿，一使劲，便碰到了茶几玻璃的边缘。那时正值夏天，玻璃又非常锋利，右腿一下被割了一个深口，鲜血汩汩地往下流。我惊呆了，不住地大哭，妈妈赶紧抱我去医院。幸好没事，可还是在右腿上留下了无法去掉的疤。回来后，妈妈用胶带纸把茶几拐角处都粘住了，不会再发生那种事了，但这件事在我的脑海中一直挥之不去。四年了，再看着那贴满胶带的茶几，我笑了。不管我当时多么恨它，现在想起来，总有一种别样的回忆。

在这里一遍遍地走，抚摸着一件件熟悉的旧物，思绪连绵。这里，就在这里，我的童年就铭刻在这里，这个温暖的小家。虽然这里已不是我们久居的地方，但这里永远是我们最熟悉的“巢”，永远是我们最幸福的家。

我喜欢我

翻开童年的相册，相片中一个小女孩站在钢琴前，弯弯的眉毛像是夜空中美丽的月牙，黑葡萄般的眼睛闪烁着智慧、顽皮的亮光，樱桃般红红的嘴唇可爱极了，嘴角向上扬着，露出两个深深的酒窝。

这就是我。

我叫李真。这是个特别的名字，“真”象征着真诚、真实、真善美，活出真正的自我，而把名字倒过来则是“真李”，即“真理”，因此，我的英文名字又叫“Truth”。听说河北有个贪官，也叫李真，但他收受贿赂，罪恶深重，我对他是唾弃的，一定不会走他那条路。

说起我的性格，可真是外向极了，除了有时遇到生人少说几句外，见到谁都是大大咧咧的。

我特别爱玩，说话也十分幽默，所以，大家都爱和我玩。如果把我放到一群陌生同学中间，让我和他们交朋友，那准没问题，凭着风趣的话语，过不了一会儿，本来都是表情冷漠的陌生人就变成了无话不谈、勾肩搭背的好朋友了。别看我爱玩，学习却从不落下，尤其是语文，每次考试，我总是名列前茅。

我十分开朗，特别爱笑。妈妈说，我那个酒窝本来没有，是太爱笑了，笑出来的。我是“人来疯”，在别人面前总喜欢露一手，聚会上，我总能把气氛调节得十分活泼。

别看我整天嘻嘻哈哈的，看到感人的电影电视剧，我又常常被感动得落下泪来。那次看《集结号》，我就被深深震撼了，革命烈士为我们抛头颅，洒热血的场景让我潸然泪下。

望着这张相片，相片里那可爱的小女孩正露出甜美的笑容。我喜欢我，喜欢我的开朗，我的乐观；我喜欢我，喜欢我的幽默，我的笑容。我喜欢一个真实开朗的我。

洗照片的故事

纯真的童趣，是理想与梦幻的完美结合；纯洁幼稚的想象，是美丽心灵的翅膀；快乐的童年，是我们不断追求的向往。翻开童年的相册，一张我“手里拿着一条湿漉漉的胶片，一脸的无辜和不好意思”的相片吸引了我，我的思绪不禁又回到了那充满童趣的“洗照片”事件中。

那次去北戴河，我们照了许多漂亮的照片，有我们沐浴在金色阳光中的灿烂笑脸，有海天一色的完美景致，还有金色沙滩上美丽的贝壳。回到家中，我最大的愿望就是快点把照片洗出来，重温一下那段快乐的时光。可妈妈好像并没有马上要洗照片的意思，这让我更加着急。那天，我实在等不及了，决定自己“洗”照片。我一直以为洗照片和洗衣服一样，就是把胶卷放到水里浸泡，然后再用香皂把它洗干净就可以了。我自认为十分容易，妈妈一定会表扬我。我想给妈妈一个惊喜。

今天，趁爸爸妈都不在家，我小心翼翼地把胶卷抽出来，又用脸盆接了一盆水，喜滋滋地把胶卷放进水里，打上香皂，心里想着妈妈回家后看到照片的惊喜表情，那种好似叙利奥偷偷为父亲抄签条的快乐心情在我心里膨胀着。自认为洗得差不多了，但我期待的图像还没有显现出来。我只好让它在水里再泡一会儿，隔一会就看一下。可等了好久，我期待的照片还没有“洗”出来，这究竟是怎么回事呢？难道还是时间不够？尽管如此，我仍然抑制不住内心的激动，心中充满了期待。

爸爸妈妈终于回来了，我迫不及待地把湿漉漉的胶片捧到妈妈面前，高兴而又疑惑地对妈妈说：“看，我把照片洗了，可不知道为什么没有图像?”妈妈一见我这架势，哈哈大笑，忙说：“孩子，你怎么把它弄湿了？照片就洗不出来了。洗照片得经过特殊处理，可不是咱们一般意义上的‘洗’呀！”听了妈妈的话，我又气又无奈。想到那么多漂亮的照片都被我的无知毁了，我真感到不好意思。就在这时，爸爸拿着相机悄悄地走过来，按下了快门，留下了这个充满了童真童趣的永恒瞬间。

每当翻开童年的那本相册，小时候的美好回忆便如满屋飘香的茗茶一般静静地蔓延开来。啊，我的童年，我的回忆！

青春的主旋律

QINGCHUNDEZHUXUANLV

这本书是李真在中学阶段繁重的课业压力下挤时间写成的，从文字中能感受到孩子对生活的真诚热爱，对底层老百姓的悲悯情怀，对挫折的从容应对，对读书学习发自内心的喜爱。作为家长，些许欣慰，希望她将来的人生是有意义且有趣的。

——李真的妈妈：王　莉

读书看报纸观电影有感

《阿甘正传》影评

那洁白轻盈的羽毛在风中轻轻飘着，在蔚蓝的天空里亲吻过白云，在滚滚的红尘中领略过喧嚣。曾与郁郁葱葱的树林挥手作别，也曾在晚霞余晖中对着落日微笑。什么都见过了，什么都经历过了，它终于累了，不想再飘零了。它求风送它最后一程，轻轻地，它让自己停留在阿甘脚下。阿甘轻轻拾起它，拂去它身上的尘埃，珍藏在自己珍爱的书页里，算是给他最后的安葬。阿甘拾起的，或许只是一片飘零的羽毛，亦或许是珍妮那身染尘埃却依旧纯洁无暇的灵魂，亦或许，是他自己那颗见过了大风大浪、曾经沧海后纯真依然的心。

一个智商只有 75 的孩子，一个行动不便、背驼得有些可笑的孩子，一个两眼呆滞、表情僵硬拘谨的孩子，一个没有父亲的孩子，一个几乎没有人愿意和他玩的孩子，一个受尽了嘲讽的孩子……也许，世上的种种不幸都被一股脑儿地加在他身上，让他的童年显得那么沉重和伤感。但，上帝是公平的，没有给他聪明的头脑，却给了他一颗简单却执着的内心；没有给他漂亮健壮的身体，却给了他异乎常人的奔跑的能力；没有给他慈爱的父亲，却给了他坚韧和伟大的母亲；没有给他众多朋友，

却给了他一生的知己和爱人……他的人生，在我们看来，太心酸，但他似乎并不觉得。他很简单、很纯朴，有妈妈，有珍妮，活着就好。

如果他就这样活着，也许就没有后面那波澜壮阔的故事了。但他的奔跑能力和简单而执着的心让他注定不会平凡。在橄榄球场矫健但笨拙的奔跑，在越南战场刻苦而简单的训练，直至立下不朽功勋，在医院打乒乓球竟然能进国家队到中国比赛，捕虾竟然成了大富翁……他的人生充满了传奇，充满了惊喜的偶然，但那也是一种必然。一颗简单和执着的心，一种专注和追寻的精神成就了他，也成就了一种可贵的美国精神。

专注、心无旁骛，也许正是他成功的法宝。我始终记得影片中的一个片段：阿甘和他的好朋友巴布在练习装卸枪支，巴布一边慢腾腾地组装，一边想着自己退伍以后要去捕虾，磨磨蹭蹭半天装不好。而阿甘呢，因为没有很高的智商，反而更简单、更踏实，长官让做什么，他就心无旁骛地做，不会想那么多，竟然创造了拆装枪支的新记录，被长官认为是天才。人生在世，诱惑那么多，滚滚红尘的热闹与喧嚣总是让我们分心，就像有一只大手牢牢禁锢着我们的思想，让我们无法挣脱，无法全身心投入。所以，世上才有了那么多庸庸碌碌的俗客，而那些专注努力功成名就的人则被奉为传奇膜拜。殊不知，那些“传奇”的资质可能与我们一样，甚至可能是智商仅有 75 的“阿甘”，他们制胜的关键从来就不是聪明的大脑，而是踏实的努力，是甘于寂寞、心无旁骛的态度。

对朋友的忠诚、对家人的眷恋，深深埋在阿甘的心里，化为一颗善的种子，在爱的浇灌下茁壮成长，开出温暖的花朵。在残酷的越南战场，他一次次返回那片死亡丛林，只是为了找到他的好朋友巴布。那一刻，什么荣誉勋章，什么英雄称号，对他来说，根本不值一提，他赌上自己的性命只是为了自己的朋友，只是为了从死神手中夺回巴布。他像台明镜，照见我们心底积满的尘埃。有多少人，在利益面前六亲不认；有多少人，在权力面前谄媚屈服。正是这样的人太多了，在阿甘看来理所应当的事情却被我们大书特书，塑造成英雄和无畏的钢铁战士，想用对他的歌颂与敬仰稍稍安慰一下自己那颗软弱卑微的心。

对于珍妮，大多数人都认为她是追求个性解放、个人成功的勇敢者，但在我心中，她不过是用叛逆和追求自由来保护自己脆弱孤独的内心。家庭的伤害，在她心中埋下了仇恨和封闭的种子，她不愿让任何人走进她的内心，连最单纯的阿甘也不能。她逍遥四方，浪迹天涯，跟随嬉皮士笑傲江湖。表面看她是自由而快乐的，可谁又看到了在冷风瑟瑟的暗夜，她独自一人站在窗台上，紧紧抱着自己，绝望而自哀地抱着自己空虚孤寂的灵魂，茕茕孑立，形影相吊。她表面的自由快乐掩饰不住内心的忧伤，外表的坚强和不可侵犯不过是她用来逃避的壳罢了。壳褪去，便只剩下孤寂与落寞的灵魂接受上帝的拷问。漂泊了半生，她终于累了，这个曾经叛逆倔强的女孩终于成为了贤妻良母。褪去了那层保护壳，她活得更真实、更像自己，就像那片羽毛，领略过俗世的无限风光，安息的最后港湾还是阿甘，还是回到阿甘笨拙但温暖的怀抱，这也许就是反叛精神的回归吧。

据说，阿甘精神鼓舞了一代美国人，激励无数人向着目标奋勇前进，永不放弃，就像那片羽毛，在短暂的停留之后，在蓝天继续追梦。

电影《死亡诗社》影评

当电影片尾字幕在悠扬哀伤的音乐声中缓缓滚动时，我坐在黑暗中，心情久久不能平静。影片上半段的诙谐幽默让结尾的悲剧更加震撼人心，让人的心灵产生强烈的共鸣，这也许就是这部拍摄场面并不华丽的影片的动人之处吧。我有时竟有种身在剧中的感觉，因为同样的年龄，面对着几乎同样的教育现实，渴望自由和解放的天性被禁锢在升学考试的牢笼中，但仍不放弃追求自由的努力，与剧中何其相似。

影片中的人物个性鲜明，从他们身上或许可以得到一些启发，让处在同一年龄阶段的我们学到很多很多。

一、基丁老师

曾几何时，我们都幻想有这样一位老师，他思想开放，热情有活力，带领着我们打破一个又一个生命的桎梏，引领我们走向更加自由高远的未来。

基丁老师是一个纯粹的浪漫主义者，是一个纯粹的诗人，他是这个压制个性、地狱般的教育体制的受害者，但同时也是超脱于这个体制的幸运儿。他没有被同化、被玷污，相反，他的灵魂因自由的思想变得更加高远而深邃。他也希望能通过自己的努力在学生的心中播下一颗自由的种子，于是打破条条框框的束缚，大胆地让学生在走路的实践中体味出努力保持自我的真知，鼓励尼尔寻找自己演戏的梦想，并毫无保留地将死亡诗社的秘密告诉学生。

从某种意义上来说，基丁老师就是铁窗中那个呼唤自由、唤醒沉寂灵魂的先行者，虽然他的微薄之力难以撼动体制那棵大树，但他已经开始让孩子们勇敢地探寻心灵的世界，打破禁锢心灵自由的枷锁，在理想的天空中自由地飞翔。当孩子们勇敢地站在课桌上与他告别时，他的努力已经得到了回报，作为一位人类灵魂的工程师，他当之无愧。

二、尼尔

一个热情似火、浪漫主义情怀已与之融为一体的男孩，却不幸遭遇专制的父母。在理想与现实残酷的对立面前，他无路可走，只能选择悲壮地结束自己的生命。

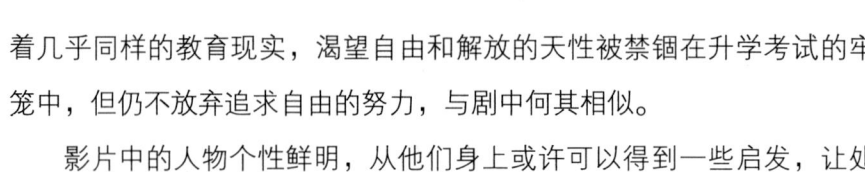

他酷爱演戏，也在父母和老师面前演了一辈子的戏。他压抑自己对演戏的痴迷，只为在父母面前做一个听话的乖儿子。而当他的热情被基丁老师点燃，当他对自由的渴望被激活，当他在看到并体验了思想自由、追逐梦想的快乐之后，再让他回到残酷冰冷的现实世界中时，他就像一只曾在笼中，但有一天飞出笼外领略过世界美好之后却又被捉回的小鸟，将忍受更加残酷的痛苦。

当白天的喧嚣热闹散去，面对漫长而冷寂的黑夜，尼尔也许会更加孤独，因为他那热情似火、乐观向上的外表下隐藏的其实是一颗胆怯又孤独的心。看似很受欢迎，却没有一个可以替他分忧的朋友。可偏偏他又是一个彻头彻尾的理想主义者，一个浪漫天真的人，他的悲剧其实就像他另一场更加悲壮的演出，他在为自己的梦想进行一场庄重的殉葬仪式。他的离开，让我们在为他的遭遇扼腕叹息之时，也不得不思考这样一个问题：他真的只能选择死亡这条不归路吗？

同样是残酷教育体制的被压迫者，也同样是骨子里的浪漫主义者，为什么基丁老师就可以超脱出这个体制，又转过头救赎这些被体制迫害的孩子，而尼尔非得走死亡这条路呢？恐怕单从性格分析是走不通的。

在我看来，传统与自由其实并不矛盾，又没有哪部法律规定医生不准演戏，走一段父母安排好的路又何尝不可呢？选择这种激烈又残酷的方式宣示自己对自由和梦想的热爱，难道不是太得不偿失了吗？

逝者已去。他留给我们的不应只是一声叹息，更多的应该是对生命的思考。

三、托德

影片开场时托德胆怯自卑的眼神给我留下了深刻的印象。在遇到基丁老师之前，他一直活得小心翼翼，甚至很懦弱、自卑。在那样一群朝气蓬勃、敢想敢为的同学中间，他沉默得那样扎眼，认真完成作业、畏惧写诗、不愿参加社交活动。他一直就是这个残酷体制的顺从者，逆来顺受几乎是他标签式的特点。

就是这样一个胆怯自卑的托德，假若没有遇到基丁老师，他可能一辈子都无法活出自我。但幸运的是，他遇到了打开自己生命之门的基丁。在那堂课上，基丁让他大声喊叫，释放自己压抑的情感，并蒙住他的眼睛，让他描述惠特曼的形象。安分守己的托德把惠特曼描绘成了一个“牙齿流汗的疯子”，从那时起，隐藏在托德身上多年的激情和勇气被一点点燃起，最终燃烧成了熊熊大火。

面对同窗挚友的离去，一向沉默内敛的他在白雪纷飞的旷野上怒吼出对命运不公的抗争，第一次真正爆发出血性和刚强。从此，他将是孤独的，没有了基丁老师的鼓励，没有了挚友尼尔的开导，他将无依无靠地生活在这冰冷的世界上。

然而，他也是智慧而幸运的，对我们的借鉴意义也最大。他不会那样露骨地反对体制，他仍将在这个混浊的世界中生活下去。然而，他已不会沦为愚昧的芸芸众生，他将小心翼翼地保留自己自由思想的火种，让它生生不息，薪火相传。

其实，当他勇敢地站到课桌上维护正义与良知的时候，他已完成了生命的一次华丽的蜕变。

唇亡齿寒

灭六国者六国也，亡秦者秦也，一次灾难和失败的发生都与自身的因素密不可分。

想当年，秦灭六国，何等威风，秦军所到之处势如破竹，横扫中原。

可短短几十年便灰飞烟灭，难道真的就是陈胜吴广扯布为旗，以木棍为武器可以轻易撼动的吗？让秦国走向灭亡的正是它自己。秦始皇统一六国以来，严刑峻法，大兴土木，苛捐杂税层出不穷，民怨民愤就像浇了油的干木柴，陈胜吴广这点小小的火星就可以让这个偌大的王朝“呼啦啦”如大厦倾塌。人心不可逆，民意不可违。

再说六国，面对强秦，他们想到的只是偏安于一隅，以土地换和平，天真地以为只要归附了强秦，就能明哲保身。面对周围的小国一个个被灭的悲惨景象，不是想着联合抗秦，反而助纣为虐，希望以此讨好秦国，殊不知自己早就成了孤家寡人，早就成了秦的囊中之物。秦的统一大计岂能是你一个小国可以改变的！真是可笑之极，愚蠢之极。齐王田建举国投降，换来的是什么？是自己在荒郊野岭饿死的结局！

突然想到在美国波士顿犹太人被屠杀纪念碑上，一个叫马丁的德国新教神父留下了沉痛的忏悔之语：“起初，他们追杀共产主义者，我不是共产主义者，我不说话；接着他们追杀犹太人，我不是犹太人，我不说话；此后，他们追杀工会成员，我不是工会成员，我继续不说话；再后来，他们追杀天主教徒，我不是天主教徒，我还是不说话；最后他们奔我而来，再也没人站起来为我说话了。”

唇亡齿寒，不正是如此吗？

谍战剧中的“他们”

近来在电视上看到许多关于解放战争到建国初期我党与国民党残余势力斗智斗勇的谍战剧，塑造了一个个有勇有谋的地下工作者的形象，故事情节扣人心弦。沉醉于那一个个英雄的机智的同时，也引起了我深

深的思考。

身陷敌营，一面是敌人警惕的目光和严格的审查，另一面又是自己的同志期盼的目光和信任的嘱托。身边没有朋友，自己的心事不能向任何人吐露，任何接触过的人都有可能随时让你毙命，只能孤军奋战。在茫茫人海，你根本无法分辨哪个是同自己一样为党而奋斗的同志，哪个是隐藏在身边的特务。就拿《秘密图纸》来说，侦查员陈亮为了打入敌营，不惜经历肉体和精神的双重折磨，在警惕敌人的枪子时还要提防自己人的子弹，所有战士的生命都系于一份珍贵的情报，而你便是执行这次任务的唯一人选，只许成功不许失败，不成功便成仁。

在那个战火纷飞的年代，一份情报抵得上万两黄金。所有人都很警惕，地下工作者们的处境更是危险，每一个工作都可能暴露自己，甚至晚上说梦话都会让自己丧命。每天戴着伪善的面具周旋于敌人之中，在别人不经意的只言片语中获取自己所需要的情报。自己所有的行动都要组织批准，就像《潜伏》中的余则成，没有自己选择爱情的权利和机会，却经历了一次次的生离死别，为革命奋斗了一生。

那么，支撑他们孤军奋战、战胜艰难的是什么呢？是信仰，是一个革命战士对党和人民的忠诚！他们虽没有奋斗在缺衣少粮的贫苦的战争环境中，但他们却是奋战在两军对垒最危险的地方，忍受着精神上的煎熬的英雄。他们依旧秉承自己坚定的革命信念，坚持到抗战胜利的那一天，不改凌云志。正像《潜伏》歌词中唱的“我的信仰是无尽深海，澎湃着熊熊火焰，燃烧无尽的力量，那是真爱永在”。是对革命的信仰，让他们选择了坚持。

一部部谍战剧，再现了当年奋战在敌营的英雄们一个个传奇的故事，紧张而刺激。但对于我们来说，那种提心吊胆的日子太过遥远，似乎像一个神话。可是想想今天的幸福生活，再想想当年的艰苦环境，我们有什么理由不对那些为革命奉献一生的英雄心怀感激呢？也许他们的名字只是一个代号，也许他们的事迹已被渐渐淡忘，但他们那坚贞不屈的气节和伟大的信仰将像一座丰碑屹立不倒。

读《百年孤独》有感

一

不受制约的权力是祸患邪恶的根源。

近来在读《百年孤独》时对其中一个片段感受很深。奥雷里亚诺·布恩迪亚上校在起义之初是个英勇无畏、正直睿智的英雄，在人民心目中极具影响力，具有振臂一呼万民响应的号召力。战争初期，他凭借谋略和勇气，带领起义军取得了一个又一个的胜利，他也成了人民心目中的传奇人物。然而，就是这样一个在我们看来几乎无懈可击的领袖，随着威信的提高，权力欲和控制欲不断膨胀，变成了一个冷酷无情、孤僻可怕的独裁者。他为了维护自己的权威，漠视亲情、践踏友情、埋葬爱情，甚至要把自己最好的朋友枪毙。他将自己禁锢在自己设定的权力牢笼中无法解脱，甚至禁止任何人在他三步以内活动，包括他的母亲。他对所有忠言充耳不闻，全凭个人的好恶杀伐决断。昔日那个正直勇敢的英雄在今日前呼后拥下面目可憎。

他的好朋友蒙卡达将军在狱中对他所说之话甚为经典：“你那么憎恨军人，跟他们斗了那么久，琢磨了他们那么久，最终却变得和他们一样。人世间没有任何理想值得以这样的沉沦作为代价。”

回望中国历史，为什么有那么多农民起义？一拨农民为了反抗官府的残酷剥削勇敢地揭竿而起，而当他们终于得偿所愿坐上皇帝宝座时，成功后的他们与当初的他们就站到了水火不容的对立面，于是新一轮的剥削与新一轮的反抗再次上演。

面对人性中对权力的贪念以及得手后权力的不受制约，只有极少数圣人级别的领袖能把持住自己，赢得生前身后名，名垂青史。而大多数情况下，那些昔日的革命者在不受制约的权力制度下，都会沦为独裁者。

因此，我们不能一味奢求统治者们、领袖们洁身自好，而应建立更完善的权力制约机制，从根上、从源头上解决权力膨胀、个人独裁的问题。

二

在《百年孤独》中看到一句话，觉得很受启发："通过持之以恒的善行来羞辱那些羞辱自己的人。"这句话是在写佩特拉科斯特在雷奥里亚诺第二死后每天坚持给雷奥里亚诺第二的妻子费尔南达送食物，无论后者对自己多么不敬，用多么污秽的语言来羞辱她。为了费尔南达有的吃，她宁愿自己饿肚子，这不是源于爱，而恰恰是源于恨。

佩特拉科斯特的做法其实并没有那么难理解，她不过是选择了一种更高境界的复仇方式而已，不过是找到了一条更高尚的宣泄恨的渠道而已，但她这种独特的复仇法让她心中累积的怨愤逐步消失，取而代之的是一颗慈悲之心，不仅将自己从仇恨中解脱出来，也升华了自己的境界。

我想，如果恨真得无法消弥，用持之以恒的善行来复仇，恐怕是复仇的最高境界吧。

读《乌塔》有感

《乌塔》这篇文章主要讲了 14 岁的德国小姑娘乌塔独自一人游欧洲

的故事。读后，我的心情久久不能平静。

乌塔只是一个14岁的德国小姑娘，但她竟能够独自一人游欧洲，已经去了法国、瑞士、意大利，在意大利去了威尼斯、米兰、佛罗伦萨，最后还要去希腊。这么长的旅程，这对没出过门的小朋友来说，是想都不敢想的。我们中国的大多数小孩都是家里的“小皇帝”，衣来伸手饭来张口，出去干什么都要爸爸妈妈陪着，对父母的依赖性太强，让他独自去一个城市都不敢，更不要说一个人去国外了。这一切都是因为父母对孩子的过分溺爱，从而削弱了孩子的自理能力。

世界在变化，教育也该灵活，要读万卷书，更要行万里路。而现在的家长，即使孩子提出独自或和小伙伴去旅游，“爱”孩子的父母们也要以“不放心”、“不可以”、“你还太小”等理由加以拒绝，对此我深有感触。

有一年暑假，我和同学们商量一起去云南旅游，不和家长一起去，可无论我们怎么软磨硬泡，也丝毫没能让那些顽固的“爱”孩子的家长们动心。最后，要去旅游的同学由十个到八个、到五个……不断地减少着，最后这件事便不了了之了。相比之下，中国的孩子将来在社会上怎么去发展？他们是否也会像自己的父母一样再这样教育自己的儿女？这还是个未知数。

其实，作为父母一定要懂得，在爱孩子的同时，还要对儿女独立自主的能力进行培养。中国古代写《史记》的司马迁，读过万卷书后，便开始游历各国，到处吟诗作赋，增长了许多书本中所学不到的知识，这才造就了他的鸿篇巨制——位列二十四史之首的《史记》。正如某名人所说：“光从电视和书本中认识的世界是不完美的、是不全面的。教育并不是只让他读书，也要让他接触外界，以便更好地与社会、与人交往。自力更生，尤其重要。”

世界在变化，教育也该灵活，不要总让孩子在书海里泡着，这样的教育是存在缺陷的。让我们的教育开放起来，让孩子们都能更好地成长，都能长成一只只在天空中自由翱翔的雄鹰吧！

发表于 2007 年 8 月 7 日《山西日报》

《海上钢琴师》影评

“陆上的人喜欢刨根问底，虚度了大好光阴，冬天忧虑夏天的姗姗来迟，夏天则担心冬天的将至。所以他们不停地四处游走，追求一个遥不可及、四季如夏的地方——我并不羡慕。”

这段话是海上钢琴师 1900 对朋友麦士说的话。没错，1900 不是陆上的人，他婴儿时期就被抛弃在船上，被好心的烧煤工收养。烧煤工意外身亡后，他便在这座“海上浮城”中茕茕孑立、形影相吊，到死都没有踏上过陆地。他没有出生证明、没有身份、没有亲人，有的只是他那独特的名字和极高的音乐天赋。他生来就不是一个世俗的人，倘若不是那一手好钢琴，可能他在人们的记忆中连一瞬都留不下，而他也并不在乎这些。

曾经认为 1900 最终选择与船共沉是愚蠢的，不过是虚伪的殉道者借以逃避现实的幔帐，不过是胆小怯懦的懦夫后退的理由。但渐渐地，我发现我错了。1900 其实并不怯懦，如果他是真的怯懦，就不会有与爵士乐鼻祖精彩的较量，也就不会有他内心固有的倔强和坚持，敢于只身与世界为敌。这该是何等的勇气！

渐渐理解了 1900 的固执，早已体验过美好的孩子是不愿再回到肮脏世俗的，这也许就是为什么他已经站到了船舷，犹豫之后却将帽子决然地抛入了大海，也抛弃了他想上岸的欲望，一转身，再无留恋。

其实，他选择与船共沉是宿命的安排。1900一生下来就是被这个世界抛弃的孩子，他从未被世俗真正接纳过，他一直在世俗外。一只只欲望的大手企图将他拖拽入滚滚红尘，但他一次次选择了回避，选择了固执地坚持。他已不单是1900本身，在某种程度上，他已经成为了我们追求质朴理想的化身。我们中有多少人，曾经豪情万丈、壮志满怀，希望做出一番为祖国、为人类造福的伟业，成为一个具有高尚人格的伟人，但事实是什么呢？滚滚红尘中，到处是庸庸碌碌的人，到处是投机钻营的小人，多少人为了名利失去了1900身上那种闪耀着光芒的人性。

最后，维吉尼亚号的毁灭，让1900在一阵爆炸声中魂归天堂。他解脱了。但我们呢？我们那颗追求理想和信仰的心，还会继续跳动吗？

近其人，远其事

今天看《郦波评说曾国藩》，读到曾国藩拜穆彰阿为师并在穆的提携下平步青云，年纪轻轻便荣登高位时，我顿时有了些许感悟。

众所周知，穆彰阿是晚清政坛大权独揽、一手遮天的大奸臣。面对列强的侵略和剥削，一味主和，打击积极主战的林则徐，并代表清政府签订了一系列丧权辱国的不平等条约。正如有些人说的，在那个需要政治巨人的时代，独揽大权的却是穆彰阿这样的政治侏儒。小人的结局总不太好，不久，穆彰阿便被罢官，生活清苦。树倒猢狲散，门生弟子都不再与穆家来往，怕沾上穆党的污点，影响自己的仕途。

而有一个人，不仅不怕朝廷中对手的诟病和众人的猜疑，仍旧与穆家来往，还常派自己的儿子去看望、接济穆家的后人，心中仍旧感恩老师的提携和帮助。这个人就是大名鼎鼎的晚清中兴名臣曾国藩，就是那个不断创造历史、影响历史的清末重臣。

穆彰阿这个奸臣竟然是曾国藩这个标榜自己是理学大师、儒家学派践行者的老师，这就让我们不由得思考，难道曾国藩不知道穆是奸臣吗？难道他真的为了爬上高位而放弃自己的政治原则和底线了吗？答案是没有。这就是为什么穆彰阿倒台后其余穆党一律被清算发配，唯独曾国藩保全下来的原因。

“近其人，远其事”是曾国藩与穆彰阿相处的智慧所在。常言道“一个篱笆三个桩，一个好汉三个帮”，你是好汉，可你身边的人一定都是好汉吗？当他们向你抛出橄榄枝，愿意为你提供帮助时，你一定要简单拒绝吗？况且判断一个人是好人还是坏人不能一概而论，只要他能够帮助你实现为民谋福祉的大事，他的人品如何难道不是无足轻重的吗？对于穆彰阿这样的人，私交可以很好。但是，如果他做的事违背了你的原则，你不去做便好，不与他同流合污便好，不要处处树敌。表面上你洁身自好，可事实上却是对自己事业的极大损害，往往逞一时之快，留一世之憾。既然你生长在污泥里，为何不让这污泥成为你发展壮大的沃土呢？

无独有偶，明代最著名的改革家、政治家张居正也与大奸臣严嵩有很好的私交。虽然后来张居正在政治上与严嵩走上了对立面，但个人交情仍旧很好，严嵩也没有在政治上打压张居正。而正是严嵩在张居正年轻时的扶持与提携，才成就了张居正后来的伟业。

因此，不要简单地根据对方的善恶判断是否接受帮助。重要的是明确自己的目标，权衡利弊，有时候站在小人的肩膀上摘取利国利民的果实也未尝不可。

《巨人何以成为巨人》读后感

当我们身处在一个压制正义与良知的时代，思想、自由的火种即将被无情扑灭时，我们也许做不了革命者，做不了掌握民族命运和历史走向的巨人，那我们还能不能守住自己内心的良知，用鼓励和支持而不是用抛弃去对待那些落魄的英雄呢？面对利益，抑或是灾难，还能不能坚守正义的底线，向英雄们致以崇高的敬意，而不是落井下石、避之不及，我们能做到吗？

巨人之所以成为巨人，不单单依靠自己的智慧和勇气，更依靠社会、人民这样滋养精神和灵魂的土壤。无根的植物哪怕再有向上的力量，也是活不长的，也是永远无法枝繁叶茂的。同样，一个思想的巨人，如果没有一个坚守正义与良知的民族和社会作根基，他也是难成大器的。社会的冷漠与抛弃不仅会毁了巨人，更会毁了这个民族的思想根基。

在十二月党人起义被镇压后，俄国社会一度出现了严重的政治黑暗和道德堕落。可就在这样高压的环境中，仍有忠贞的妻子为英雄的丈夫甘心放弃安逸的生活，在荒凉的西伯利亚度过余生；仍有审理赫尔岑的要塞司令愤然退出侦讯委员会，只为坚守自己的原则。也正是人民的支持和拥护，才有了赫尔岑、别林斯基、车尔尼雪夫斯基、托尔斯泰这样的思想巨人们，勇敢坚毅地维护民族思想的火种，照亮了俄国光明的未来。

不仅是俄国，还有南非总统曼德拉曾经面临指控时，正义的审判员顶住当局压力，守护着这位革命的巨人，也保住了南非希望的火种。

反观我们，反观这样一个受了礼义廉耻教化千年的民族，是怎样残忍愚昧地对待我们的英雄的呢？愚昧的老百姓喝了秋瑾的鲜血，残忍的办案者分吃了徐锡麟的心肝……这就是为什么在同样黑暗的时代，这个泱泱大国没有崛起一位思想巨人的原因。并不是没有这样的人，而是社会、人民这片土壤太过贫瘠了，良知和正义的力量太过缺乏了，再伟大的巨人也难逃枯萎的悲剧命运！

当我们充满感慨地谈起“孤胆英雄”时，可曾想过他们为什么那么孤独？当他们为了民族的未来抛头颅洒热血时，我们的人民呢？可曾向他们表示过由衷的敬意？

巨人何以成为巨人，有赖于社会的精神土壤。作为普通人，我们可能做不了指引民族未来的巨人，但请坚守自己的正义和良知，守护思想和革命的火种。

领导力漫谈

读了《鲍鹏山新说〈水浒〉》中有关宋江和晁盖的论述，我触目惊心。宋江一步步架空晁盖，一点点抢班夺权，都那么自然而不露痕迹，却又是那么狡猾和残忍，将忠厚老实的晁盖逼得忍无可忍，却无可奈何，最终众叛亲离，抱恨而死。当领导其实真得挺难，放权吧，生怕被手下架空，成为傀儡；不放吧，对人对己对集体对事业有百害而无一利，要拿捏好这个“度”，恐怕就是当领导的艺术了。想想自己初中当班长的经历，也有差一点被架空的时候，因此对宋江架空晁盖特别有感受，也特别能理解晁盖矛盾纠结的内心。

当时初二重新竞选班长，我高票击败前任，也是我的好朋友，顺利当选。初当班长，没什么经验，能当上也纯粹是因为平常人缘好，朋友多，大家信任我。成绩也不算拔尖，每次考试总在七八名晃荡，根本没有过硬的资本，所以管起人来，发表起意见来就很没底气。不久后的篮球赛，各班啦啦队都在卖力地加油助威。作为班长，理应挑大梁，可因为当时的自卑，抹不开面子，风头很快被前任抢去，我只能站在一边干看着，心里那个不痛快，就别提了。到后来，我成绩越来越好，班长也越当越顺，工作起来就名正言顺，一丝不苟，尽心尽力，平时和同学们说说笑笑，相处得很融洽，那感觉别提多爽了。

到了高中，由于保送生的这点资本，我凭借自信和实力毫无悬念地拿下团支书一职。仍旧是工作和学习分得很清，严肃起来便是义正言辞，凛然不可侵犯，对自习课乱说话、乱吵的人绝不姑息，该罚就罚，以至于本星期的三张罚单都是我发出去的。平常呢，就和同学们开玩笑逗乐，把他们一个个逗得喜笑颜开，都愿意和我说话聊天。

其实当领导，批评人在所难免，不能因为怕得罪人就天天和颜悦色，当老好人，该出手就得出手。但批评必须建立在有事实、有根据，出于公心和维护大家利益的基础上，绝不能掺杂私念，这样大家才能服你，才不会忌恨你。大家都不笨，你真心对待大家，大家心里都清楚，怎么还会恨你呢？相反，你收获的会是大家的敬和爱。如果反过来，你自己都做不好，严人宽己，摆领导架子，最后只能是成为众矢之的，成为全民公敌。或者，你天天做老好人，打哈哈，表面上大家一团和气，实际上你在别人心中就已经成了一个不敢担当的窝囊废，与你的心愿恰好背道而驰。所以，当领导，最重要的就是公心和真诚，如果再有点领导艺术、亲和力和幽默感，那就更好了。这样的领导肯定是众望所归，人心所向，这样的集体也一定会成就大事业。

再补充一点，领导还应该有实力。除去刘邦那“为之奈何”的特例，你必须要有一点让众人服气、让众人甘拜下风为你效劳的资本。在中学阶段，这唯一的桓量就是成绩。有成绩就有尊重、有信任、有底气；没成绩，就算你再有能力，也没人看得起你，没人听你的，所有的都是白搭。综上所述，实力才是硬道理啊！

另类“灰太狼”

暑假时，一部经典动画片《喜羊羊与灰太狼》风靡全国，其中的各个动画形象个性突出，惹人喜爱——聪明勇敢的喜羊羊、可爱乖巧的美羊羊、好吃懒做的懒羊羊…… 当然还有处处与喜羊羊作对的灰太狼。对于小朋友来说，最喜欢的肯定是喜羊羊，然而最近流行起来的歌曲《嫁人就嫁灰太狼》却让我对动画片中“反面形象”灰太狼有了另类的认识。

首先，灰太狼具有聪明的大脑和灵活的手脚，能够“自学成才”，研制出各种高端武器，其丰富的想象力令人咋舌，充分验证了“没有做不到只有想不到”的信条。例如：制作精密的火箭炮、药效强劲的隐身剂、功能完备的磁力勋章等等，无不体现了他的心灵手巧。虽然屡屡失败，屡遭捉弄，但从个人角度来看，他的聪明才智还是很值得赞赏的。

其次，灰太狼能够听取他人意见，哪怕是和他作对的喜羊羊，只要听到他认为好的建议，都会不计前嫌地采纳。虽然屡次被聪明的喜羊羊算计，最后落得两手空空，但其精神还是难能可贵的。

最后，也是最重要的一点，那就是灰太狼有永不服输的性格和屡败屡战的勇气，每集末尾的“我还会回来的”已成为他的标志性台词。哪怕摔得鼻青脸肿，对未来还是充满信心和希望，心中一直在为“吃羊”的目标努力，不管身外之事。这点有些像《阿甘正传》中那个一心一意只干一件事的阿甘。二者的精神有异曲同工之妙，也让我最为敬佩。

其实，不论是虚拟世界中的动画形象，还是现实世界里形形色色的人，都是有缺点也有优点，正像《易经》中的阴与阳一样，任何事物都有阴阳两面性，再坏的人必定也会流露出他好的一面。所以，我们在社会交往中要尽量发现别人的优点，不要被“有色眼镜”蒙蔽心灵，这样才能正确全面地评价一个人、一种现象，才能让自己在不断的学习和发现中增长才干，领悟人生哲理。

莫让童星成为当代仲永

今日听说电视剧《家有儿女》要再度开拍，原来家喻户晓的调皮鬼“刘星”的扮演者张一山将出演其中的主角。照片中的张一山已不再是原来那个活泼机灵的小鬼了，取而代之的是一张成熟的、童真不再的脸，演技也没有多大提高，让曾经喜爱他的观众不免有些失望。

童星长大后，除了演戏就什么都不会了吗？年少成名，奔波于各大片场选秀、表演，他们过早地进入到成人的世界中，过早地接触了一些他们那个年纪不该接触的东西，实在是一种悲哀。父母们望子成龙、望女成凤，送孩子拍各种电视剧，带孩子拍各种商业广告，总希望一鸣惊人，能成为小名人、小明星，给自己脸上增光。结果，顾此失彼，成了小明星，却误了太多功课。没有深厚的学问做后盾，除了继续混迹于演艺圈，还有什么出路可走呢？

试看那一个个曾经家喻户晓的童星：金铭，张一山，关铃……如今早已不再像当年那么可人，只能靠着往昔那一点资源勉强生存在演艺圈中，大红大紫已是昨日黄花。

张爱玲说：“出名要趁早。”诚然，年少成名，风光无限，多少人梦寐以求而不得，然而，过度的宣传吹捧而不注重文化知识的培养，是否会让那些天资聪颖的“小明星”成为让后人唏嘘感叹的仲永呢?

在当今社会激烈的竞争中，没有知识和文化几乎寸步难行。没有雄厚的知识储备做后盾，在人生道路上遇到坎坷挫折就会手足无措，彷徨迷惘。而那些小明星们，把汲取知识最佳的时间耗在了片场，功课一塌糊涂，逐渐湮没在凡人中，光环日渐黯淡，想达到梦想的高度怕是很难了。

培养孩子的才艺、兴趣是对的，让孩子走出小圈子，多接触大世界，本也无可厚非，但如果一味追求“造星”，不顾孩子实际，硬是让他去当童星，结果耽误的是孩子的未来。“小学而大遗，吾未见其明也。”年少成名是好的，毕竟这给日后的人生奠定了与众不同的基础，但我更认为，经历了人生磨练和岁月沉淀后的厚积薄发才更深刻，更富有内涵和韵味，更彰显着生命的厚重与尊严，就像一张布满深深皱纹的脸，总比那未经世事的稚气未脱的脸更耐人寻味一些。

莫让童真过早消逝在成人世界的虚伪中，莫让童星变成那可悲可叹的仲永!

清官与法治

德国社会学家马克斯·韦伯有一个理论，统治的合法性分为三种类型：传统型，指一个规则被遵守、被接受是因为他已行之多年，大家也就不再深究它合理与否；法理型，成员服从是因为认定此规则是合理的，其指定程序是适当的，他的权威性基础是众人接受的合理性；个人魅力型，也即“奇里斯玛”型，成员服从领袖人物的非凡魅力。当然，这三种类型在政治实践中往往交叉混合。

《元岩传》中讲到，元岩威严稳重，骨鲠正直，曾经辅佐蜀王杨秀，让蜀王这样一个“性好奢侈，尝欲取獠口以为阉人，又欲生剖死囚，以胆为药”的心狠手辣、嗜血残暴的人“每循法度”，让益州政治清明、百姓和乐，这不能不说是元岩值得被标榜的一笔。但元岩死后，蜀王杨秀凶残的一面便以更加暴烈的方式展露出来，甚至干出了像猎杀活人这样灭绝人性的事情，将原本和平安定的益州搅得天翻地覆，这又不能不说是对元岩辛苦经营的莫大嘲弄。这场悲剧让我不禁想起了原长治市委书记吕日周。

吕日周在任时，实施了许多雷厉风行的改革，让长治的风气为之大变。他勤政爱民、政务公开、严惩腐败。他骑着单车下乡调查，在雨中与群众开对话会。他把警告黄旗挂在了分管卫生的副市长办公室，他把市委市政府的大门拆掉，对老百姓不再设防。更可贵的是，他开创了“吕式舆论监督”。在他的直接干预和推动下，《长治日报》成为了“中国舆论监督第一报”，因此而撤职、免职、降职的干部多达 269 人，并有 15 人被移交司法机关处理，这让长治官场风气为之一新。

吕日周在百姓心中的地位也是不言而喻的。在他离开长治之际，数万群众送行，并有人高呼：“吕书记，你不要走!”

无疑，吕日周这样一个传统道德意义上的好官值得我们尊敬，值得我们去赞扬。但同时，他推行的这样一种“人治”色彩极浓的改革也不免让我们深深担忧。他曾这样说，我在长治进行的改革，是一场一个人试图移动一座大山的改革。

有一首民谣这样说：吕日周要调走了，舆论监督要瘫痪了，官僚主义抬头了，懒散作风又来了，所有计划成空了，长治的希望泡汤了。

……

在当今这样一个崇尚法律的社会，将整个城市的命运系于一人之手是危险的，它带来的危害和恶果在《元岩传》中就有所体现。因此，我们在呼吁官员们廉洁自律、为人民谋福祉的同时，更要加强制度的建设和法律的完善，用法律而不是个人魅力治理国家。任用清官，但不用清官政治、人治政治维护秩序，真正实现依法治国，以法为先，维护社会的长久和平与稳定。

我爱你，与利无关

偶然翻开《唐诗鉴赏辞典》，读到王维的《老将行》，感动莫名。

诗的大意是这样的：一名老将一生东征西战，功勋卓著，“一身转战三千里，一剑曾当百万师”，为国家为民族立下了汗马功劳。只可惜统治者冷酷无情，赏罚蒙昧，让老将落得个“无功”被弃的下场，只能“寥落寒山对虚牖”，不得不“路旁时卖故侯瓜，门前学种先生柳”，生活无依无靠。但他并不怨天尤人。边烽再起，他又不计个人恩怨，不较个人得失，请缨报国，誓保江山，发出“莫嫌旧日云中守，犹堪一战取功勋”的爱国宣言。

我爱你，与利无关！这句话不由地从我心头浮起，多么伟大的爱啊！用什么词语来形容这位老将呢？无私、爱国、忠贞……也许，是对祖国发自内心的最深挚的爱让老将选择了报国。不论国家、朝廷对他多么不公，让他蒙受了多大的冤屈，他对祖国的热爱永远不会改变。也许，正像那首诗所说的，“中国啊，我的心是一口生苔的古井，沉黑幽深，满涨着垂垂欲老的恋情。”老将对祖国的感情也恰是这样的吧，“我爱你，与利无关”，爱的是那样浓、那样烈。

我不禁又想起了中国的老一辈知识分子，一代国学大师季羡林“文革”时被打成右派，给学校看门房，没有一个人和他说话，见到他也是避之唯恐不及；一代钢琴大师刘诗昆曾在牛棚里关了十年，受尽折磨和凌辱，内心饱受着被人误解的痛苦。但当祖国需要他们的时候，他们便不计前嫌，将自己的生命无私地奉献给了教育事业，呕心沥血地为祖国培养了新一代的人才。

他们对祖国的爱同老将一样伟大。对自己的祖国母亲，他们的付出无私、无怨、无悔……也许，祖国的繁荣昌盛才是他们的理想；也许，人民的安居乐业才是他们的力量，希望祖国的明天更好才是他们的目标！我爱你，与利无关，我深爱着你，我愿用一生来建设你，我愿用生命来保卫你！

大仲马说：“为祖国而死，那是最美的命运啊！”

宋之问说：“知君心许国，不是为封侯。”

詹天佑说：“各处所学，各尽所知，使国家富强不受外辱，足以自立于地球之上。”

而我想说：我爱你，与利无关。祖国啊，我深爱着你，纵然历经多少磨难，我心依旧属于你，我愿为你付出生命！

我们的眼光真的对吗

前些天在《读者》上看到一篇文章《父与子》，感触很深，不禁对自己以前的认识产生了怀疑，也更清晰地感悟到了人性的善良，走上歧途的人只是需要一个人、一件事来将他拉回正道。

故事的主人公是一对“父子”，但他们并没有血缘关系，甚至原来只是萍水相逢的陌生人。一个是 70 岁的流浪汉曹根新，这个农民在 40 岁的时候，离开宁波北仑的老家，出外求生。后来，他加入了一个盗窃团伙，在“望风”时被捕，判刑 4 年。在刑满释放、出狱回乡的火车上，他的行李被盗，释放证明也一并没了。没脸见家人的曹根新流浪到杭州，靠拾荒为生。另一个是水电工冯浩祥，在父母眼里，他是个不听话的坏孩子，为了打游戏，他把家里给的学费偷偷花光。初一那年，无心上学的冯浩祥就辍学了。随后，他离开家乡绍兴，到杭州做了水电工，那一年，他才 16 岁。22 岁那年，因为斗殴，冯浩祥被判入狱一年。在监狱里，脾气暴躁的他吃尽了苦头，他常常会被十多个犯人群殴。半夜，他揪出挑头打人的“老大”，裹上被子用拳头报复，换来一次次关禁闭。

可就是这样一对在我们看来是社会渣滓的“坏人”却谱写了一曲人间大爱，用他们的实际行动诠释了善良和相扶相依。

六年前的一个雪夜，流浪汉曹根新无意中救了喝醉酒的打工者冯浩祥一命，冯浩祥许下承诺：照顾老人的余生。于是，薪水微薄的他每月给老人 600 元生活费，让他吃好的，给他穿好的。可老人总是不忍花“儿子”的钱，在冯浩祥上班后就偷偷地出去拾荒，收成好的时候才会买上一个馒头，边走边吃。有一次，冯浩祥给老人买了一身正品“阿迪达斯”，500 多元，惊得老人合不拢嘴，“我得捡多少垃圾才能换回来啊！”他们住在一个仅有十几平方米的小房间里，只放着一张桌子，两把椅子，一张床和一台老式电视机。每天晚上一起吃晚饭的时光是他们最幸福的时候，两瓶啤酒，一碟小菜，“爷俩”边吃边聊，一整天的烦恼就都忘得一干二净。但好景不长，冯浩祥被查出胃癌晚期，在医院，老人曹根新整夜整夜不合眼地照顾他，为他接尿、换衣服、擦洗身子……自觉时日无多的冯浩祥在手术后没多久又开始为老人的户籍奔波，为老人找着落。

合上书，我的心不禁为之一颤，一种晶莹的东西充满了我的眼眶，同时，一个深深的疑问也重重地敲打着我的内心：我们看待那些“社会渣滓”的眼光真得正确吗？他们难道真得一无是处，只会危害社会吗？

曾经，我对这些深信不疑，认为大街上那些社会青年就是社会的败类，就是一群无所事事的流氓，就是整天只会欺软怕硬寻衅滋事，总认为那些鸡鸣狗盗之徒是不值得别人关心的。但现在，我认识到他们的本性并不坏，只是他们在人生的某个路口，没有把握好自己，误入歧途，让恶的一面蒙蔽了别人，也蒙蔽了自己。但有时，一个人、一件事就有可能将他内心善良的一面挖掘出来，激发出他的爱心和责任心，他们的大爱之举有时都会让我们这些自诩为“正人君子”的人汗颜。可毕竟，给他们从善的机会实在太少了，可能终其一生都不会遇到那个改变自己人生的机会，但我们作为他们人生的旁观者，如果能在他们陷入迷途时轻轻提醒劝慰一句，用自己的理解与尊重去感化他们，也许这个世界会更美好些。

我看历史人物与事件

啊，船长，我的船长

1865年4月14日，注定是一个被历史铭记的日子。罪恶的枪声响起，你重重地倒下，永远闭上了那双忧郁深邃的眼睛。天空中，璀璨的流星划过，就像那双睿智的眼睛。是你吗，我的船长？你虽已离去，但美国人民会记住你，伟大的亚伯拉罕•林肯——美利坚民族的领路人。记住你为维护联邦统一的日夜操劳，记住你为解放黑人奴隶的呕心沥血，我们全都会记住你，记住你在困境中如何坚韧不屈，记住你在低谷里如何奋进不止，你的精神已深深熔铸在美利坚民族的血液里，熔铸在我们每个人的心里，奔流不息。

马克思曾这样赞美你："他是一位达到了伟大境界而仍然保持自己优良品质的罕有的人物。这位出类拔萃和道德高尚的人竟是那样谦虚，以致只有在他成为殉道者倒下去之后，全世界才发现他是一位英雄。"说得真好，也许只有马克思那样达到了伟大境界的人才能真正理解你吧？我的船长，你的苦痛又几人能晓？

22岁，生意失败；23岁，竞选州议员失败；24岁，生意再次失败；25岁，当选州议员；26岁，情人去世；27岁，精神崩溃；28岁，竞选州议长失败；34 岁，竞选国会议员失败；37 岁，当选国会议员；39 岁，国会议员连任失败；46 岁，竞选参议员失败；47 岁，竞选副总统失败；49 岁，竞选参议员再次失败；51 岁，当选美国总统，这便是你的历程。

上任时，几乎没人相信你能够带领美利坚合众国走向富强，怀疑、不信任、鄙夷、轻视，充斥在你的周围。你没有得力的左膀右臂，没有患难与共的兄弟手足，甚至连你十分倚重的“老战神”史丹顿都曾经极其鄙视你，不愿与你共同工作，不愿与你共进晚餐，不愿与你共处一室。他曾公然侮辱你是“讨厌的白痴”，“何必跑到非洲去找大猩猩呢？在白宫就有一只大猩猩坐着搔痒呢”。他如此伤害你，你那忧郁的眼睛愈发低垂，你那千疮百孔的心啊，更多了阵阵伤悲。“没有比史丹顿对我更残忍的了”，你也常常悲伤地说，落寞的神情令人心酸。而就是这样伤害过你的人，在国家危亡时刻，你毅然任命他为作战部长，全力支持。放下私仇、放下私怨、放下个人的荣辱得失，让自己低到尘埃里，收获的是灵魂的升华。你是那样的瘦削，却义无反顾地挑起挽救国家统一这样的千斤重担，你的心像深邃的海洋，包容万物，引领美国这艘巨轮劈波斩浪。

啊！船长，我的船长！你拯救了数百万生活在水深火热中的黑奴。你挽狂澜于既倒，扶大厦于将倾。你带领美国走上了富强之路，但你的生活又是那样不幸：早年丧母，酗酒的父亲醉生梦死；家徒四壁，好学的你只接受过 12 个月的学校教育。而你通过刻苦自学，弥补了教育的缺憾。心有千千结，你的心已随安妮的离开永远死去了，而不幸的婚姻，又给你的人生笼上了悲剧的阴影。

你终于倒下了，永远地离开了，而你留下的却是一个冉冉升起的强大的美国。痛苦了一生，操劳了一生，离开是否是一种解脱？你是为美国而生。葱茏的绿树环抱着你，悦耳的鸟鸣陪伴着你，我的船长，你可以安息了!而我们会继续前进，在痛苦中执着坚守，在困境中无畏前行！

奋进者永垂不朽！

传奇人物李勣

近来翻阅唐朝武则天时代的历史，有一个人让我印象非常深刻，也产生了颇多感触，这个人就是李勣。

李勣是何许人也，就是民间传说中大名鼎鼎的徐茂公，瓦岗寨的英雄，唐初的名将。民间早有“呼风唤雨诸葛亮，神机妙算徐茂公”的说法，可见是一位了不得的人物。

先说他的卓越功勋。在唐朝打江山的过程中，他参加过削平王世充、窦建德、徐园朗、辅公祐等许多大战役；后来在国际战场上，他打突厥、打薛延陀、打高丽，都是主将，每次都身先士卒，立下奇勋。所以唐太宗说，李勣就是我的长城，有了他我就不用修长城了。

他不仅战功卓著，而且品德高尚。首先他非常忠诚，李勣有一次在战役中败给了窦建德。窦建德是隋末农民起义的一个枭雄，有胸襟，很爱才。把李勣俘虏后，特别厚待他，还把他的老爹接来了，很有点当年曹操对待关羽的意味。但李勣执意要走，说既然已经投降唐朝，就不能再背叛。所以他千里走单骑，历经千辛万苦回到唐朝，又一次声名鹊起。

他对君主忠诚，对朋友更是义薄云天。他有个好朋友叫单雄信，二人情同手足，后来二人各保其主，单雄信跟了王世充，被李渊俘获，李勣 前去说情但李渊执意要杀。于是李勣在单雄信行刑前将自己大腿上的肉割了一块下来喂给单吃了，说了一番感天动地的话，说我上有老下有小，你单家也有家室，需要人奉养，吃下这块肉，就权当我追随你到地下，你的家室我来照顾。大义直冲云霄，令人敬佩。

更让人惊叹和敬佩的是他高明的政治智慧和精明的头脑。在太宗一朝，李勣手握重兵，为太宗所倚重，权倾一时。可太宗在晚年却对李勣做出了一件出人意料的事，把李勣从宰相贬到叠州做刺史去了。叠州在现在的甘肃省，当时极其荒凉。太子李治不解，太宗说："李勣能办成大事，我想让他以后辅佐你。但是你对他没有恩情，怕以后生变。我将他贬斥，如果他立刻上任，那就是忠臣；若他百般推脱，迟延不去，我就杀掉他，免留后患。"这可以说是一道绝妙的考题，不亚于当年汉文帝"搬绢是忠臣"的坑人程度。而李勣卓越的政治智慧使他一下就猜透了太宗的用心，因此一接到任命，连家都没回，直接就骑马上任去了。如此一来，终于让唐太宗心里的一块石头落了地。

再者，当高宗李治想要力排众议封武则天为后时，也是李勣的一句"此陛下家事，何必要问外人！"四两拨千斤，扭转了高宗的被动局面，从此更加受到重用。

李勣确实是隋末唐初的一位传奇人物，他的身上还有许多值得推敲和学习的地方，今后我也会努力从他身上汲取更多的智慧精华。

打破心中的桎梏

当挫折来临、失利骤降，是选择在痛苦中一蹶不振，还是选择勇于拔除心中的藩篱？当不幸突至、苦难降临，是选择在忿忿中终此一生，还是选择打破心中的桎梏，继续前进，在昨日挫折的废墟上，再构筑一番惊天动地的事业？答案当然是后者！

也许在我们的印象中，清末重臣曾国藩是位建有不世之功，以文臣身份领导大军荡平太平天国的厉害人物。可他的一生，难道就是一帆风顺的吗？这位名满一时的两江总督，曾两次被"长毛"杀得大败，险些丧命，被部下救上船后万念俱灰。想想自己堂堂总督，朝廷大员，竟狼狈到如此地步；想想自己曾经的意气风发，曾经的豪言壮语，曾经封侯拜相的雄心壮志；想想政敌的嘲笑弹劾，朝廷的失望指责……一切的一切，都让败臣曾国藩无法承受。他默默地走出船舱，面如死灰般纵身跃入冰冷的江水。他想，自己死了也就轻松了，留给后人的不过是笑柄罢了。他没有能力带兵，他什么都不是。冥冥之中，他被部下救起，紧接着便接到了前线陆军的捷报：塔齐布大胜！刹那间，他的生命好像又被唤醒了，心中那面自卑的墙被彻底推倒，他的军队还是有能力的，他曾国藩也不是草包！就这样，打破心中桎梏的曾国藩率领部队艰苦奋战，终于将太平天国运动镇压了下去，自己也成为清朝一代名臣。

其实，打破心中桎梏，走出失败阴影，终成一代伟业的又何止曾国藩呢？加拿大总理让•克雷蒂安小时候因相貌丑陋，说话口吃，一度非常自卑，但他并没有因此心灰意冷，而是勇于打破心中的自卑，刻苦努力，成为了加拿大第一位连任两届并享有盛誉的总理。

打破心中的桎梏，拔除内心的藩篱，推倒自卑的高墙，在苦难中开花，在挫折中奋起。走出失败的阴影，成就的将不仅仅是物质上的完美，更多的是精神上的愉悦和欣慰。也只有这样，才能体味到苏东坡“回首向来萧瑟处，也无风雨也无晴”的旷达境界吧。

对廉颇蔺相如的再思考

再读《廉颇•蔺相如列传》，不禁让我觉得需要重新审视一下这两位我小时候就有所耳闻的人物。细细思考，这两个人身上还真有很多值得推敲和琢磨的地方。

先说蔺相如，以前在一些简易读本中看到“完璧归赵”、“渑池之会”、“负荆请罪”的故事，给我留下的印象无非是蔺相如机智勇敢、爱国忠贞、宽宏大量，形象几乎完美无缺，无懈可击。可细细地再读《廉颇·蔺相如列传》，恐怕就不会再停留在这个水平，而是会在太史公叙述的蛛丝马迹中看出蔺相如纵横家的一面。

蔺相如聪明过人，想必当时已经很清楚地看到了秦赵之间实力的对比以及秦昭王当时对赵国的态度，想吃掉却又担心啃不动，只是试探着不断挑衅。而赵国实力虽弱于秦国，但以往积累的实力仍不可小觑，秦王不会因为一块小小的和氏璧就毁掉这一暂时平衡的局面。毕竟秦王并不是一个昏庸之主，他是一个有席卷天下，包举宇内，囊括四海之意，并吞八方之心的有为君王。而蔺相如正是看准了这一点，于是运用自己的聪明才智，抓住机会一举成名。人图之，天全之，使蔺相如从一个名不见经传的宦者令缪贤舍人一跃成为赵国高官，不能说没有一点投机的意味。

“负荆请罪”中蔺相如说的那段话：“夫以秦王之威，而相如廷叱之，辱其群臣，相如虽驽，独畏廉将军哉？顾吾念之，强秦之所以不敢加兵于赵者，徒以吾两人在也，今两虎共斗，其势不俱生。吾所以为此者，以先国家之急而后私仇也。”好一个冠冕堂皇有理有据的论断，把自己的行为解释得天衣无缝，让自己的品格顿时光辉起来，使廉颇简直无地自容。“以先国家之急而后私仇也”，多高尚啊！可细细想想，就会发现蔺相如的论断实际并不成立。你蔺相如不怕秦王，难道就一定意味着你不怕廉颇吗？正如几乎全中国人民都敢骂美国总统，可一个小职员敢顶撞上司吗？一个初出茅庐的新手敢顶撞久经考验的老江湖吗？所谓先国后己的看似高尚的言辞实际也难逃偷换概念之嫌。

再说廉颇，其实我认为廉颇比蔺相如更忠诚于赵国，但不是很忠诚于赵王，这也是赵王不信任他的一个很重要的原因。当廉颇送赵王和蔺相如去赴渑池之会的时候，竟对赵王说：“三十日不还，则请立太子为王，以绝秦望”。我们可以试想当时赵王听到这番话的心情，怎一个凄凉了得！我想，赵王虽知廉颇对赵国前途的殚精竭虑，但也正是这句话，让赵王的心从此对廉颇大门紧锁，拒之千里。而蔺相如则与赵王并肩作战，同生共死，建立了深厚的革命情谊，回来后“位在廉颇之右”也就不足为怪了。

隔一段时间看历史

隔一段较长的时间，去重新思考一件几乎被盖棺定论的历史事件，摒弃个人情感对事实真相的干扰，有时就会得出完全不一样的结论。

秦始皇焚书坑儒让他背上了思想专制、手段残暴的恶名，汉人评秦的主流价值观也是批判为主，并且认为是中华文明的一大浩劫，完全归罪于他。而到了唐代、宋代、清代直到现代，竟出现了为秦始皇焚诗书坑术士辩护的声音。这一派的观点认为，六经的失传完全是六经本身和有些读书人妄评政事造成的，据说一本经书中的五个字，有时就要近两万字的评注来解释，所谓“皓首穷经”所采撷到的也只不过是沧海一粟罢了，如此学法，怎能不失传终结?

另一方面，当时秦始皇统一六国，需要大刀阔斧地推行他在政治、经济上的一系列新政，而以淳于越为首的儒生公开反对他的郡县制，要求遵循古制，实行分封制，并引发了很多争论，怎能不使秦始皇被逼无奈之下痛下杀手?

还有一种观点认为，六经的失传与萧何和项羽有关。萧何到秦宫只将天下地图和有关税收的书拿走了，而把其他的书留在了咸阳宫，被项羽一把火烧了个精光。

孰是孰非，难有定论。从不同历史时期对秦始皇焚书坑儒的不同观点的碰撞来看，我们应采取什么态度呢？对一件事情的认识不能偏听偏信，要辩证地看问题，历史地看问题，功过是非，自有后人评说！

古代官员贪腐根源的思考

近来有一个社会问题始终困扰着我，为什么中国的贪官从古至今都层出不穷？就拿中国古代的贪官来说，历朝历代都是屡禁不绝。可细细想想，中国的贪腐问题仅仅是因为官员不自律和贪婪造成的吗？

从某一方面说，正是封建制度造就了这些官僚尊贵显赫的地位和万贯家财的富有，可以说他们既是体制内的既得利益者，又是封建制度成果的享受者。那么，他们为什么还要千方百计地蚀空封建制度，蚀空他们赖以生存和发财的封建王朝呢？这恐怕就不是一个“贪”字能简单说明了的。

如果我们换一个角度，不去评判古代贪官们的个人品质问题，而把官员们的升迁科考之路当成一次做生意的过程的话，或许会得到些许启发。士子们从贫寒的农家子弟，经过十年寒窗付出，终于走进科举的考场，可以说他们在这十几年间都在做着几乎看不到回报的巨大投资，而一举成名后，他们当然要找回自己的利润和回报。在他们眼里，荣华富贵不是皇帝给的，也不是封建制度给的，而是他们自己拼来的，他们非但不会感激封建体制，反而会变本加厉地要捞回投入的资本。所以贪腐官员就会前赴后继，造成延续至今的社会通病。

赫鲁晓夫的胸怀

《元首传》对赫鲁晓夫有段这样的记载：1962 年 12 月，赫鲁晓夫去中央展览馆参观画家和雕塑家的作品，看到二楼抽象艺术厅的一些作品时，他忍不住发火了，“这是淫秽作品，不是艺术！”当他看到恩斯特的作品时，更是火冒三丈，“一头毛驴用它的尾巴可以画得比这好!”恩斯特对他的粗暴呵斥很不服气，回答说“你不是艺术家，也不懂美学，你对艺术一窍不通！”这样争吵的结果当然是不欢而散。

我承认我曾经对赫鲁晓夫是有偏见的，听到的前苏联笑话大半也都在讽刺这位倡导种植玉米最后惨败的愚蠢的政治家。初读这段话时，我甚至在暗暗地为恩斯特的反驳叫好，也对这位粗鲁的领导人感到羞耻和可笑。

后来，我偶尔读到另一篇文章，也写到了这个故事，并对二人之后的交往做了后续的交待。时过数年，赫鲁晓夫下台。在惨淡的人生光景中，他开始反省，又想起了与他有过激烈争执的恩斯特，并选择了一个合适的时机与之握手，又嘱咐他的儿子谢尔盖，他死后的墓碑雕塑一定请恩斯特完成。

读罢，我对赫鲁晓夫肃然起敬，抛开他失败的改革不谈，他的自我忏悔精神还是让我颇为敬佩的。他可能从未真正说过忏悔的话，可哪种忏悔能有这样的深度？一个从云端跌入谷底的人，能够这样冷静地思考自己早前犯下的过错，并能够放下身段去改正它，补救它，不让自己的灵魂受到负罪感的羁绊，这就不能不让人佩服赫鲁晓夫的勇气和胸怀。

如果是我，我能做到吗？还是要修炼啊！

《华盛顿的选择》读后感

读了《华盛顿的选择》，我的内心被某种神圣的东西震撼了。拿破仑曾经说过：从伟大崇高到愚蠢可笑，只有一步之遥。在事关美国命运的节点上，华盛顿两次放弃本应属于他的权杖，解甲归田，将功名利禄潇洒地抛在身后，留给这个崭新的国家民主的光辉。

无疑，华盛顿的选择是正确的，不仅使自己名垂青史，被后世景仰，还缔造了今天繁荣开放的美国。但我们需要探讨是什么让他作出了这样的选择？是什么让他将“知足不辱，知止不殆”诠释得如此崇高和伟大？

我认为，让华盛顿决绝转身的，是他在做事时崇高而坚定的目标。他所做的一切，没有一件事是专为自己谋私利的，他的战略思考、政策制定，都是以美国的未来和根本利益为出发点考虑的。在他眼里，所谓军职、公职一类的东西都不重要，而追求“生命”、“自由”、“幸福”才是他的信仰和目标。

与之相反，拿破仑同样是一代英雄，但最后身败名裂，落寞死去，正是因为他的征战是为了满足自己称帝的私欲，而不是法国人民的自由和幸福。因一己之私欲让无数人民殉葬，不失败才怪。

每一个选择背后都能折射出人的目的和追求，如果想要真正成就大事业，就请先将私欲剔除，凭着理想和信仰的指引，阔步向前。

将在外，信还是不信

当年魏文侯任命乐羊为大将进攻中山国，三年才攻下来。回来论功行赏时，魏文侯向乐羊出示了别人的弹劾奏章，多达一筐。乐羊“扑通”下跪，一再叩头行礼说：“这不是我的功劳，实在要归功于您的信任啊！”

再说当年中亚浩罕国派陆军司令阿古柏入侵新疆，阿古柏在新疆站稳脚跟后，竟然拿着本国的资财和军队自立为王，做了叛徒。

同样是大将在外征战，同样耗时耗资耗力，又同样是君主的全力支持，导致的结果却截然不同。这就引出一个问题，当一个大将手握重兵在外攻城略地时，作为君主，到底是信任他，全力支持他，还是怀疑他，对他留一手呢？如果战略成功，既可以使国家领土扩张，国力增强，又避免了大将拥兵自重，另立为王，这当然是最佳结果。但如果误判形势，盲目信任，则可能导致灭顶之灾。

依我愚见，要想避免这种情况的发生，首先要选准人，这就要看君主的眼光了。可看人难免有走眼的时候，知人知面不知心，而且一个人的想法也会随着形势的改变发生改变。所以最根本的还是应该有强有力的制约措施，让他想反都不敢反，让他的顾虑大于勇气，这时你再全力支持他，则事可成矣，忧可解矣。

宽恕的力量

宽恕的力量，让我再次感受到了人性的伟大和光辉。面对仇恨，面对曾经伤害过自己的仇人，选择宽恕是一种艰难的抉择。但这种选择背后不单是道德境界的升华，也是被仇恨压抑缠绕的内心的解脱。

瑟利夫在未当上总统之前，由于政变等原因，曾经三次流亡到几内亚。每一次流亡途中，她都在想，有朝一日必将卷土重来，搞垮她的政敌，使曾经让她饱经艰辛的人也尝一尝颠沛流离的滋味，但一次不平凡的经历彻底改变了她的想法。

十三年前，阿撒被对手收买刺杀瑟利夫，贴身护卫准撒为保护瑟利夫而英勇牺牲。阿撒和准撒本是邻居，十三年后瑟利夫再次来到这个村庄，竟然发现准撒的妈妈去给因儿子逃跑而穷困潦倒的阿撒的妈妈送粮食，那一刻她被震撼了。老妈妈的行为深深教育了她，她领悟到饱经战乱的利比里亚需要的不是仇恨，而是宽恕！只有宽恕才能化解矛盾，才能消除隔阂，才能获得理解和支持。

于是，瑟利夫对伤害自己的人选择宽恕，也将宽恕的力量深入到每一位利比里亚人民的内心，最终瑟利夫成为非洲历史上第一位民选女总统。

宽恕，有时并不仅仅是个人道德品质的高尚，还是一种由善而生、价值无穷的高级智慧。因为只有宽恕，我们才能放下仇恨，消除隔膜，融化坚冰，赢得友谊，换来尊敬。

俞敏洪创业初期曾冒着风雨骑着一辆破 28 自行车在大街小巷张贴招生广告，十分艰难。事业刚刚有点起色，就遭遇了其他培训机构的压制和恶性打击。那家培训机构的老板是个下岗女工，为人蛮横强悍，不仅威胁俞敏洪要将他挤走，还雇黑社会捅伤了张贴广告的业务员，给初出茅庐闯世界的俞敏洪以沉重的打击。毫无社会经验的他为了找关系，和派出所说情，喝得差点酒精中毒。就是这样的仇人，在那位女老板走投无路干不下去时，给俞敏洪打电话说，干脆把她的四百多个学生收编算了，她不干了。换作一般人，一定会大肆挖苦讽刺一番，以报当年一箭之仇。而俞敏洪却选择了宽恕，不仅给了女老板精神上的鼓励，还真心实意地提了很多有益的建议，竟然使那家濒临崩溃的培训机构又坚持了三年！虽然最终还是因为经营不善而倒闭了，但俞敏洪和那位女老板却成了很好的朋友。

宽恕的力量就是这么强大！你选择原谅，选择放弃仇恨，那么，原先横在你面前的一堵墙就有可能变成一条通向事业成功巅峰的康庄大道。宽恕，不仅仅是一种品格，更是一种人生的大智慧。

名医朱丹溪

近来对中医特别感兴趣，不仅是被那些名医高超神奇的医术所折服，更是被他们伟大的人格所感动。

名医中让我感触最深的就是朱丹溪。他年轻时好打抱不平，整日混在街头“行侠仗义”，人到三十还一事无成。终于在他母亲的教诲下改过自新，千里迢迢拜访当时一代名儒徐谦，向他学习程朱理学。勤奋刻苦，但三十四岁考科举失利，与此同时，他的妻子因被庸医误治去世。在前途昏暗之际，他的老师点醒了他，他从此便立志学医，治病救人。

俗话说“人过三十不学艺”，此时的朱丹溪已经 34 岁，还和医学一点关系没有。但他下定决心要在医学领域做出大成就，于是日夜研读《黄帝内经》。为了学到最好的医术，他不远万里拜访当世集中医“金元四大家”精华的名医罗知悌，希望得到真传。

但理想很丰满，现实很骨感，兴冲冲奔来的朱丹溪却遇到了重大挫折。罗知悌闭门不见。要像一般人，肯定灰溜溜地从哪儿来回哪儿去，但此时的朱丹溪早已不是二十年前那个意气用事的小伙子了，他的心中已经充斥着悬壶济世的崇高理想，这样的冷遇与他那坚定的信念比起来实在不算什么。于是，他每天都恭立在罗府门口，风雨无阻，开始时门人还替他通报，渐渐地便也厌烦起来，一见他来就“斥责之”，但他为了心中的理想仍坚持着，他一定要向当世最高明的医生学习医术！就这样，整整三个月，罗府门前总恭立着一个单薄而坚毅的背影，在门人的责骂声中，在路人的嘲讽声中，默默坚持着。终于有一天，罗老爷子吩咐下人，说自己要沐浴更衣，亲自去迎接朱丹溪。在他眼里，门外那个人就是他要将毕生所学倾囊相授的弟子，那人的境界与毅力也定能将他的医术医德发扬光大。就这样，朱丹溪在罗知悌的精心指导下，终于成为了一代名医。

听罢朱丹溪求学的故事，心中五味杂陈，在这个世界上，有多少人因为面子，放弃了自己曾经的梦想，放弃了自己赤诚的追求，在不甘与懊悔中度过庸庸碌碌的一生。有谁能像朱丹溪那样，为了叩开知识的大门，在门人厌恶的责骂中，在路人不解的嘲讽中，在自己内心的煎熬中，恭恭敬敬地在罗府门前站三月之久呢？人常说，有多大的境界做多大的事，当我们的胸怀能够像大海一样可以容下一切时，何愁事业不成呢？

墨流白

老旧的院墙，斑驳的树影，厚重儒雅的宅院，秋风轻推着树叶在地面上洒下一串“簌簌”的音符，想要把这一份淡雅的气质，这一份醇厚的文化气息传到很远很远。书房里一排排朴实而古旧的书架，静静地矗立在那里，默默注视着那个正伏案设计建筑图纸的女子，默默赞叹她的美丽与智慧。她，就是林徽因，就是那个如水墨画般优雅清丽的女子，就是那个让徐志摩怀念了一生、梁思成宠爱了一生、金岳霖守望了一生的“人间四月天”。

回想林徽因的一生，就像是一幅完美的水墨画。从无到有，从稚嫩到成熟，一步步描绘勾勒的一生，而她，就是那个充满智慧和才气的执笔人。饱蘸墨汁，轻轻落下，虽没有惊涛骇浪的气魄，却亦有淡泊明志的追求；虽没有惊天动地的伟业，墨汁所到之处，亦足以让人艳羡不已。她的人生洁白无瑕、温润如玉，没有轰轰烈烈的疯狂，从不曾带给人深重的伤害，内心却仍多情善良，带给人无限的遐想。

著名诗人、著名建筑学家、国徽的主要设计者，为北京文物古迹保护作出重大贡献，为景泰蓝制作工艺的传承更是立下汗马功劳……种种成就，已让我们这些凡夫俗子赞叹不已。而她却并没有因为这些赞誉而改变什么，依旧那么优雅、那么淡泊，有一种毁誉不存于心的自若，更让我们崇拜。她知道自己想要什么，知道自己的人生就是一幅淡泊的水墨画，她要让自己的人生笔笔精到，处处精彩。

墨至处世人惊艳，画成时万物动容，这位绝世才女优雅地转身，留下让人怀念遐想的美丽背影。

墨轻轻碰触白纸，墨花绽放，倾国倾城。

聂政是英雄吗

《资治通鉴》里记载了公元前 397 年 3 月，盗匪刺杀韩国宰相侠累的事。

侠累与濮阳人严仲子平素有恶仇，严仲子听说聂政很勇猛，便拿出一百镒黄金为聂政母亲祝寿，想让聂政为他报仇。聂政却不接受，说："我的老母亲还健在，需要奉养，我不敢为别人去献身！"等到他的母亲去世，严仲子便派聂政去行刺侠累。侠累正端坐府中,周围有许多护卫兵,聂政却能一直冲上厅阶,把侠累刺死，然后划破自己的面皮，挖出双眼，割除肚肠，毁容而死。韩国人把聂政的尸体放在集市中，暴尸示众，并悬赏找出此人来历，但却无人知晓。聂政的姐姐聂嫈听说此事，立即前往，哭着说："这是聂政啊！他因为姐姐还在，就自毁面容，不使姐姐受连累，我怎么能顾惜自身性命，而让我弟弟的英名埋没了呢！"于是她也自尽在聂政的尸体旁边。

聂政是英雄吗？不过小人耳。他的行刺，不过是贪图那一百镒黄金罢了，徒落个"孝亲爱姐"的美名遮人眼目，实在可笑之极。他与侠累并无冤仇，他行刺的动机，既非出于民族大义、出于为国为民为天下，也非出于自己的宿怨，仅仅是替他人报私仇、谋私利罢了，这样的人还能够号称是男子汉大丈夫吗？

想当年荆轲刺秦，何等悲壮，何等惨烈，何等令人钦佩！暂不说他的行刺对中国统一有何不良影响，但就他为燕国尽忠，为燕国百姓献身这一崇高的目的来说，他就是可敬的，虽然失败了，但虽死犹荣，青史留名。而聂政呢，虽然刺杀成功了，也不过是历史中一粒微不足道的尘埃，无人问津，更无人钦佩。

做人做事，想青史留名，万世流芳，首先要做到的便是一颗公心，一颗为万代苍生、为国尽忠的赤子之心。秉高尚之念，行的才是高尚之事，纵然失败，也虽败犹荣，虽死犹生。如果心存私念，为小利而趋之，便境界尽丧，德性尽失，纵然事业成功也不过一寇尔，登不得大雅之堂。

所有正确的建议都应该采纳吗

孟尝君代表齐国前往楚国访问，楚王送他一张象牙床。孟尝君令登徒直先护送象牙床回国，登徒直却不愿意去。他对孟尝君门下人公孙戌说："象牙床价值千金，如果有一丝一毫的损伤，我就是卖了妻子儿女也赔不起啊！你要是能让我躲过这趟差使，我有一把祖传的宝剑，愿意送给你。"公孙戌答应了，他见到孟尝君说："各个小国家之所以都延请您担任宰相，是因为您能扶助弱小贫穷，使灭亡的国家复存，使后嗣断绝者延续，大家十分钦佩您的仁义，仰慕您的廉洁。现在您刚到楚国就接受了象牙床的厚礼，那些还没去的国家又拿什么来接待您呢？"孟尝君听罢回答说："你说得有理。"于是决定谢绝楚国这份厚礼。

公孙戌告辞快步离开，还没出小宫门，孟尝君就把他叫了回来，问道："你为什么那样趾高气扬，神采飞扬呢？"公孙戌只得把赚了宝剑的事如实报告。孟尝君于是令人在门上贴出布告，写道："无论何人，只要能弘扬我田文的英明，劝止我田文的过失，即使他私下接受了别人的馈赠，也没关系，请赶快来提出意见。"

提意见的人是有私心的，那对于这种意见，到底是采纳不采纳呢？

如何判断他的建议背后有没有针对你的阴谋呢?

记得从前看过一个故事，有位皇上的亲信奸臣想要置某重臣于死地，便殷情地毕恭毕敬地对那个重臣说：“皇上现在荒废朝政，不理政事，我看着很忧心，想去进谏，可觉得自己人微言轻，害怕皇上不听，只有您德高望重，您进谏一定行。如果您答应了，等皇上高兴，我马上通知您，您就进宫进谏。”结果，这个重臣接受了这个建议，一来为国家劝谏皇帝，二来还能博得个忠诚爱民的美名，何乐而不为呢?结果这个奸臣每到皇帝游乐时就通知他，他就不明就里来进谏，次次扫皇帝的兴，最后被杀。

这两个建议，不管从哪个角度看，都是好建议。但提建议的人都是有私心的，到底是接受还是不接受?接受，可能就会掉入陷阱；不接受，又实在想不出有什么理由拒绝，这真是个令人费思量的问题。我觉得最终接受与否不仅要看你对这个人的了解程度，还要看这个建议在推行、实施的过程中，提建议的人是否要参与，参与得多不多，如果他无法插手，也没有理由害你，那接受也无妨；如果实施过程要受制于人，就得多加小心，谨慎为妙。

血腥残忍的武则天

权力斗争实在太可怕了，权力这个东西，能让夫妻反目、父子成仇，能在斗争中掀起腥风血雨。而政治家们则要在这场硝烟四起的斗争中谋求生存，进而谋求最大的利益。

武则天真是玩弄权术的好手，她强硬的政治手腕和几乎无人能敌的政治智慧，以及那种不达目的誓不罢休的性格让她创造了中国古代政治史上的奇迹，冲破横亘在自己称帝面前的一座座大山，终于成为中国历史上唯一一位女皇。

“与天斗，其乐无穷；与地斗，其乐无穷；与人斗，其乐无穷。”毛泽东的这句话放在武则天身上，真是再恰当不过了。她活了一辈子，也斗了一辈子。当皇后之前，与命运斗、与王皇后斗、与萧淑妃斗、与一切阻挡她成为皇后的势力斗；当了皇后，她仍不满足，与丈夫争权、与外廷夺势、诛杀长孙无忌、安插亲信，又给自己加封天后，还与自己的亲生儿子争权夺势，不惜痛下杀手。与人斗，她还不满足，她还要与天斗，想要与天命抗争，想要与传统抗争。在此过程中，她血腥残忍的一面表现得淋漓尽致，她陷害反对派，剪除异己的手段更是高明。

给我印象最深的就是她善于把小案子做大，做成谋反案，这样就能把她眼中的敌人一网打尽，有的人甚至和这件案子没有丝毫关系，也会被找个理由处死。可以说，每一次小案爆发，就一定会紧接着一场政治暴风雨，顺我者昌，逆我者亡，宫廷大换血之后便是她威望的又一次提高，这是多少白骨堆起来的啊！

政治有时真的很血腥！

小人可不可用

在《资治通鉴》上看到一则故事：起初，统治晋国的智宣子想确定诸子之中的智瑶（智襄子）为继承人。族人智果说：“他不如智宵。智瑶有超越他人的五项长处，但有一项短处。仪表堂堂是第一项长处，精于骑射是第二项长处，才艺双全是第三项长处，能言善辩是第四项长处，坚毅果敢是第五项长处，他唯一的短处就是居心不仁。如果他以五项长处来笼络别人而做不仁不义的恶事，谁能和他和睦相处？要是真的立智瑶为继承人，那么智氏宗族一定离灭亡不远了。”智宣子置之不理。智果便向太史请求脱离智族姓氏，另立为辅氏，以避灭族之祸。

果然，智瑶当政后，君臣二心。国中两位大夫在与韩康子、魏桓子联合攻打赵襄子时，因为与韩、魏二人素有怨仇，结果两位大夫临阵倒戈，与赵襄子联手大败智家军，杀死智瑶，又将智氏家族尽行斩灭，只有智果因改姓辅氏得以幸免。

世人常分不清才与德，而一概将其论说为“贤明”，这实在是大错特错。才，是聪明、能干。德，是正直、公正。才是德的辅助，而德才是中心。德才兼备是圣人，无德无才是愚人，德胜过才是君子，才胜过德是小人。

人们常说宁用庸人，不用小人，无才无德，即使做坏事也不会掀起多大风浪，顶多是像恶狗一样乱咬人，人还能制服他。而有才无德之人一旦得势就相当可怕了，就像下台的陈水扁，绝对有才有文化，法学博士，知名海归，上台后干出多少恶心事，几乎将整个台湾的财富卷进他陈家的腰包，还戴着伪善的面具在民众面前巧言诡辩，大言不惭地赌咒发誓说自己没有贪污，竟还蒙骗了不少人。这种有文化的政治流氓实在可怕。

这又引出了一个问题：难道有才无德之人真的不可用吗？大将吴起当初师从曾参，母亲死了也不去治丧，曾参认为他不孝，与他断绝关系。后来吴起杀死妻子来求得鲁国的大将职位。他为人贪婪好色，不管是从当时还是现在的角度看，他绝对不是个好人，是人人得而诛之的恶棍。可吴起有才，会带兵打仗，他做大将与最低级的士兵穿一样的衣服，吃一样的饭，睡觉不铺席子，行军也不骑马，亲自挑上士兵的粮担，与士兵分担疾苦。有个士兵患了毒疮，吴起亲自为他吸出毒汁。后来吴起先后为魏、楚效力，都立下了汗马功劳，这样的人，到底是用还是不用？

依我愚见，用这样的人也未尝不可，但主要是看用人者会不会用。给他一个施展才华的舞台，让他把他的聪明才智尽情释放，做利国利民之事，同时也必须有强有力的反制措施，扼制他“无德”的一面，尽量不要让他的“恶”危害到整个集体、整个事业。

再谈小人可不可用

小人可不可用？近来，从武则天身上我终于找到了这个困扰我已久的问题的答案。

古人云：德胜于才是君子，才胜于德是小人。小人往往在某一方面很突出，会对事业的发展带来很大的帮助，但另一方面，小人往往有无法弥补的道德缺陷：贪婪、奸诈……这些，又可能给事业带来很大的负面影响，最终功亏一篑。可以说，在是否用小人这个问题上是很难抉择的，不用可惜，用又担心。

那么一面承接住贞观之治的余韵，一面又平稳过渡到开元盛世开篇的一代女皇武则天是怎样处理小人问题的呢？她的办法是：利用小人，而信用君子。

纵观武则天统治时期，不仅任用来俊臣、周兴等遗臭万年、心狠手辣的酷吏，也纵容臭名昭著的张易之、张昌宗“二张乱政”。可以说，小人在武周时期从来就没有消停过，但为什么武周没有因此灭亡？那是因为武则天利用酷吏是有目的的，她要建立属于自己的武周政权，就必须铲除长期盘踞在权力巅峰的元老贵族，而酷吏正是一颗很好的棋子。通过酷吏，武则天成功清除了以长孙无忌为首的元老贵族势力，又残忍地将李唐王室几乎一网打尽。在此期间，她成功树立了个人的绝对权威，巩固了她原本风雨飘摇的统治地位。

但武则天对酷吏仅仅是利用，并不欣赏他们，他们一旦失去了利用价值，武则天马上就会毫不留情地将他们清除掉，“请君入瓮”的典故就很能说明问题。

酷吏等小人只不过是一时的手段，用完就扔。而真正撑起武周政权天空的是一群德才兼备的旷世之才，像张柬之、姚崇、宋璟、狄仁杰……无一不是她慧眼识珠，委以重任，才使那些贫寒之士有机会施展才华。而她对人才、对君子也是敬重有加，这充分体现出她信用君子的明智。

所以，小人不是不可用，关键是怎么用，怎么安排才能既发挥其所长，又能顾全大局。在这一点上，新东方创始人俞敏洪用人时秉持的原则就是：重用志同道合者，慎用利同道合者。我想，这就是权衡是否任用小人的突破口所在吧！

纵然消逝，点点花影亦要留

历史的长河滚滚向前，带走了多少帝王辉煌的霸业，抹去了多少英雄奋斗的血泪，所到之处，繁华落尽，归于一片岑寂，汇入时间那永恒的海。谁又能逃脱消逝的命运，谁又能留下些什么？然而就有这样一群女子，美丽矜持，骄傲倔强，她们点缀了生存的时代，她们纵然行走在消逝中，亦要留下那点点花影。

或许，李清照，你就不应诞生在那个时代，百姓流离失所，外族铁骑横行，王室偏安一隅，给你美丽的灵魂压上了沉重的包袱。命运无常，既然前半生给了你完美的爱情，后半生又为何将它埋葬，让你将回忆酿成苦酒，在日日孤寂中痛苦疗伤？“佳节又重阳，玉枕纱橱，半夜凉初透。东篱把酒黄昏后，有暗香盈袖。莫道不销魂，帘卷西风，人比黄花瘦。”纵然敌不过世道无常，纵然敌不过似水流年，纵然消逝的时光无法挽回，你依然那么骄傲，在诗词的世界中优雅地播种，留下点点花影。

或许，林徽因，你的魅力让命运都不忍触碰，在旁人看来，你的人生似乎从无荆棘，处处繁花似锦、云淡风轻。你的美丽如人间四月天，智慧如人间精灵，让徐志摩怀想了一生，让梁思成宠爱了一生，让金岳霖仰望了一生。一切都是那么完美，爱情、事业，一切都如莲一般，纯净无一点瑕疵。“真正的平静，不是避开车马喧嚣，而是在心中修篱种菊。”如此睿智文语，也只有林徽因说出来才有味道。纵是这样的如花美眷，也敌不过消逝的似水流年，但那个恬静温婉的女子身后留下的点点花影，亦足以涤荡人心。

或许，张爱玲，二三十年代的上海滩就是你的舞台，那舞池中觥筹交错的名流们，有谁如你那般耀眼？又有谁有你那傲然风骨？但又有谁能想象到，就是这样的你，为了胡兰成，将自己的爱埋入尘埃，在尘埃里开出花来。我常想，那样才情四溢美丽高傲的你，谁又配得上？但你终究还是爱了，飞蛾扑火般，瞬间华美，又瞬间化为灰烬，绚烂之时也是毁灭之时。那决绝转身之后，是开启了下一段崭新的人生，抑或是为了忘记那年少犯下的错，我们不得而知，但在那异国他乡孤独终老的才女，我们分明感受到了她的落寞、她的不甘。胡兰成曾这样评价她：“张爱玲是民国时期的‘临水照花人’。”斯人已逝，那点点高傲的花影，仍给我们无尽怀想。

赵朴初大师曾在圆寂前写下：“生亦欣然，死也坦然，花落还开，水流不断。”在这世间，谁又能逃脱消逝的命运呢？谁又能避开命运暴虐的毒剑呢？不妨平静下来，行到水穷处，坐看云起时，纵然行走在消逝中，也要如她们一样，在身后留下那馨香的点点花影。

我看社会现象

奥运会上的“弱国心态”

伦敦奥运会即将落下帷幕，在惊叹体育健儿们高超的竞技水平和顽强拼搏的奥林匹克精神的同时，也不禁为比赛过程中发生的种种不愉快忧心。

不论是其他国家对中国小将叶诗文的质疑与抨击，还是中国人民愤怒而激烈的反唇相讥，都让我在这看似喧闹的语言、情绪的对立中看到了让人极为忧心的东西——弱国心态。

先说美、英等西方国家。自英国资产阶级革命以来，欧美资本主义国家始终处于世界经济发展的领先地位，两次世界大战之后，世界各种力量的角逐和竞争也不过是资本主义内部地位的此消彼长。在欧美发达国家眼里，广大发展中国家不过是自己从前的一块殖民地罢了，根本不值一提。而当中国崛起，在世界舞台上发挥着越来越重要作用的时候，那些发达国家显然没有做好充足的心里准备，他们在逃避，他们不愿承认中国的强大，他们不能忍受自己的经济政治地位的下降。但在现实面前又无可奈何，只能借一些鸡毛蒜皮的小事对中国大加鞭挞，那不过是酸葡萄心理在作怪，过过嘴瘾罢了。张牙舞爪貌似强大的背后实际上是

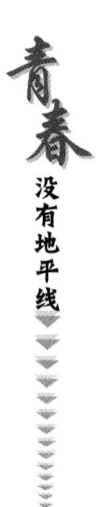

一颗怯懦虚伪的内心，典型的弱国心态。

而中国在面对不公或质疑的时候，也没有体现出泱泱大国应有的宽容气度，总存在着一种被迫害者的心理，这也是一种弱国心态。并不是说遭遇不公就只能一味忍受，而是说不能因为伦敦奥运组织中的一点失误，或是其他国家对中国成绩的一点质疑就上纲上线，对其他国家冷嘲热讽、口诛笔伐，上升到民族歧视的高度。这不仅有悖于奥林匹克精神，也不是一个拥有五千年文明史的大国应该呈现给世人的形象。

国人似乎还没有从近代屈辱艰难的心态中走出来，还没有习惯自己的世界第二大经济体的地位，思想还没有上升到与当前中国国际地位相称的境界。总认为别人在欺辱自己，在歧视自己，在看自己的笑话，总以一种小心眼看待周围的人和事，总以一副受害者的姿态斤斤计较，很难让人感受到它真正的强大。

真正的强国不应该仅仅强在国力上，更应该拥有与其国力相称的大国气度。这种大国气度，应该是“泰山崩于前而色不改”的镇定，是面对别人张牙舞爪的挑衅一笑置之的大气，是遇强则强努力充实自己的霸气，而不是忌妒别人的成功，斤斤计较自己的得失。

也许有人会对上述言论大加攻击，许多在网上热传的帖子也都偏激地指责对中国的质疑，甚至说批评中国的表现就是不爱国，就是卖国贼。其实我想说，真正的爱国不是只看到它的好，看不到它的坏；不是别人一攻击就激动地跳出来破口大骂，这是很肤浅的民族主义。真正的爱国应该是冷静地分析国家形势，一针见血地指出其问题并期待其更好、更繁荣。就像在那个各种派别、思潮碰撞冲击的年代，在那个国人意识沉睡、麻木不仁的年代，鲁迅先生用匕首般的文字揭露出中国社会一个个黑暗面，挖掘出中国人身上种种致命的劣根性，没有人说他不爱国，没有人说他是卖国贼，就是因为他的一片赤诚都洒在了这片热土上，忠诚之心日月可鉴！所谓爱之深，责之切，大概就是这个道理吧！

我希望西方国家能够尽快从过去走出来，不要让嫉妒冲昏了头脑，暴露出自己的愚蠢；也希望中国能够尽快适应自己的新身份，不要让弱国心态成为自己前进的羁绊。

伊拉克小伙的奥林匹克梦

今天在网上看到这样一则帖子，帖子上是这么说的：“他坐了十几个小时的飞机，却只上场 26 分钟。”他没有教练指导，没有任何人陪同，比赛结束后也只能独自匆匆离去。他的名字叫亚拉·阿扎德·阿卜杜勒哈米德，也是本届奥运会上，伊拉克队唯一的羽毛球运动员，不为别的，只为了自己心中的那份梦想。

帖子下面还配了一张这位勇敢的追梦人的照片。他蹲在场边，眉头紧锁，或许是对自己的比赛结果有些失望，但我觉得他那一刻心里想的是对世界飞速发展而祖国贫弱的深深担忧。

这让我不禁想起了当初和他有着几乎一样境遇的刘长春，同样积贫积弱的国家，同样凶险艰难的国际形势，但他还是孤身踏上了前往异国的征途，义无反顾。明知此去会备受歧视，不会取得什么辉煌的战果，但就是心中那份梦想，那份国人期望的梦想，让他飒爽的身姿出现在奥运会的赛场上。这不仅是他一个人的骄傲，更是祖国的骄傲。

我觉得，这位伊拉克小伙子更像一位悲情英雄，他来自战火频飞的伊拉克，来自贫困动荡的国家，他身上承载着自己的梦想，更有国人的期望，就这样孤单地行走在苍茫天地间。赛场上，的确，他是个失败者，掌声和鲜花不会属于他，对于训练有素的别国选手，他顶多算是个陪衬，得到的也许更多的是同情。但他并不是一个人在战斗，他有他的祖国，也有世界人民的支持。他不会永远悲壮下去，当战争的硝烟消散，大地重现一片生机之时；当伊拉克实现和平稳定、经济发展之时，我相信，那时的他，一定会用温和而自信的笑容面对比赛，也会有更多的伊拉克选手在奥运会赛场上拼搏奋斗，希望这一天不要来得太迟。

慈善的真谛

慈善的真谛是什么？难道仅仅是用手中的一叠钞票去资助贫困学子吗？我认为其实不然。真正的慈善对于受惠者而言，不仅是物质的帮助，更重要的是精神上的尊重，而不是因此丧失人格尊严，成为别人炫耀爱心的牺牲品。对于施惠者而言，助人是出于爱，是出于自己内心的愿望，而不是出于寻求一种居高临下的优越感和施恩图报的投资心态。双方的关系始终应该是平等的，相互尊重的。若是要求受惠者感激涕零，未免就曲解了感恩和慈善的要义。

人称中国首善的陈光标以高调的慈善作秀而出名，经常可以在报纸上看到他和他的一大叠钞票与那些“感激涕零”的受助者的合影，不知怎么，我总有种不自在的感觉。诚然，陈光标为中国的慈善事业做出了很大贡献。可以说，没有他的身体力行，慈善不会这么快地发展。可我认为，他忽略了做慈善最重要的一点——不仅仅是物质的给予，更应关注人格和尊严。做慈善的出发点是出于爱，那就不要让爱变成伤害。

设身处地替那些受助者想想，人都是有尊严、有骨气的，不到万不得，已谁也不愿意低三下四地去求人。接受捐助，本来在他们心中已经不甚舒服了，你还要高调宣扬自己的爱心，让他们在镜头前一遍遍地“感激涕零”，这对他们的心灵而言，难道不是一种煎熬吗？这些是短暂的物质帮助可以弥补的吗？这可是永久的心灵伤害啊！

再说说周立波，近来也有很多报道在宣传周立波捐资助学的慈善事迹，他也在节目中展示了自己到边远小学捐赠图书、教学设备的短片。节目很感人，最后一个镜头是周立波哭了，看得出他是真心的，是为这些孩子们艰难心酸的学习生活环境潸然泪下，他的爱心和努力让我们动容。但同样的问题是，他把自己摆得太高了，把自己看得比那些贫困儿童高贵许多，举手投足之间无不在显示自己多么高尚，多么伟大，还要在节目精心制作后播出，这也许是他出于发扬慈善精神，鼓励更多的人投身慈善的目的，但这恰恰很严重地忽略了受惠者的心灵感受。

在国外，一些失业的人也会走上街头或卖艺或乞讨，如果你愿意，可以到他们那儿放几枚硬币，但他们绝不会对你感激涕零，下跪更是无从谈起。在他们的观念里，施惠者与受惠者是平等的，我在这里卖艺是因为我暂时遇到了困难，等我经济条件好了，我也会帮助别人，无需对施惠者感恩戴德。

可能有人会说，难道得到帮助就是应该的吗？难道不应该心怀感恩吗？古语“滴水之恩当涌泉相报”怎么可以偏废呢？

我并不是说人不应该感谢别人的帮助，而是说我们不能因接受别人的恩惠就放弃自己的人格尊严。同样对于慈善家们，也不应该把自己当作别人的救世主而趾高气扬。若是出于爱而做慈善，那就请把爱贯彻到底，不仅是物质上的爱，而且也应有精神上的慈悲之心和尊严关照，这样才无愧于“慈善家”的称呼。

村民直选舞弊的思考

还记得上政治课时老师讲民主选举，说到村民直接选举可能会造成贿选、舞弊现象的发生。不单单是课本中如此，就是在现实生活中这种现象也屡见不鲜，有些小村庄甚至一瓶啤酒、一盒烟就能赚得村民手中那最基本的民主权利——选举权。针对这种现象，有些文章甚至发出了振聋发聩的声音，难道我们的民主就只值十元人民币吗?

一开始看到报纸上有关村民直选舞弊的案例，我都觉得这些农民太傻、太短视，只为了眼前这点蝇头小利就放弃了心中公正的判断。羊毛出在羊身上，那些候选人在你的身上花了钱，将来还不得从你身上找回来? 最终受害的还不是你们自己?

可层出不穷的舞弊案让我不禁思考：难道这真的只是由农民素质低、思想落后造成的吗? 人心是杆秤，他们也是久在社会的人，他们难道不知道选好一个领头人，他们才能发家致富吗? 我想，深层原因恐怕有以下几个：

第一，农村家族势力左右选举。这个是我大舅，那个是我叔伯，选举哪能不选自己人? 所以，农民们选举有时不是看能力，而是看关系、看亲戚，亲戚得势，自己以后才能捞油水。

第二，在候选人中，他们认为没有一个人能达到他们心目中的标准，天下的乌鸦一般黑，不管谁上台都是要给自己谋利益，换届顶多就是用瘦鼠换下硕鼠，与其以后让他吃咱，咱不如先来点实惠的。啤酒也罢、香烟也罢，反正比那张徒有虚名的选票值钱。

第三，体制存在弊端。村民自治法中规定了“由选举产生的村民委员会必须接受同级党组织（村党支部）的领导和乡一级政府的指导”。虽然没明说是“钦定”，可“钦定”的意味已是很明显，当群众的意愿与上级的意见相左时，一看法律，群众就无话可说了，那还争它干吗？

第四，强权左右选举。放眼看看全国的各个农村基层自治组织，领导者哪一个不是在乡里有头有脸、非富即贵的人物？理论上说，年满十八周岁的中华人民共和国公民都有选举权和被选举权，可我还没见哪一个村把一个平头百姓扶上村长之位的。

说到底，农村直选屡出问题，这不仅仅是农民素质不高的问题，更重要、更根本的原因恐怕是体制不健全和权力运作的恶果。

“音乐小镇”周窝村带给我们什么

最近在电视上看到有关河北周窝村被喻为“音乐小镇”的报道。从外表看，这只不过是一个普通的不能再普通的村庄，低矮的平房，黄沙漫天的土路，拖拉机忙碌着绝尘而去，留下身后滚滚黄尘。村民也很普通，透着一种质朴和踏实，还有点土里土气的。可别看就是这么一个不起眼的周窝村，里面可有大名头呢！西洋乐器在这里处处可见，村民们有擅长萨克斯的，有吹单簧管的，有钻研小号的……在这里，几乎人人都爱音乐。他们白天是农民，收工后就成了乡村音乐家。聚在一起并不是看电视、打麻将消磨时光，而是一起聊音乐，切磋演奏技巧，排练新的曲目，他们的生活中充满了音乐。

就是这样一个小村庄，生活水平与其他农村没什么两样，没有更多资金拨款，没有更宽阔笔直的道路，没有更漂亮别致的花园洋房。但这里的村民似乎比其他地方的人更快乐，幸福感更强，脸上时常挂着笑容，愉悦着自己，温暖着他人。就是这个不起眼的小村庄，承办了许多面向国际的音乐交流节，吸引着无数热爱音乐的人前来感受音乐氛围。

有人说，只有物质生活条件足够富裕了，人们才会去追求精神的充实。从某种程度上说，这是有一定道理的，毕竟“仓禀实而知礼节，衣食足而知荣辱”。可在如今这个物质生活高度发达的时代，又有多少人想去充实精神呢？读一本书、听一场音乐会，对很多人来说都是一件困难的事。忙着升官、忙着发财、忙着追求更多的利益，人们停不下追逐名利的脚步，将自己的灵魂远远落在身后而不知悔改，功利心太强，反而错过了人生道路两旁美丽的鲜花、悦耳的鸟鸣。当我们拖着疲惫的身体一步步迈向生命的终点时，才发现自己的人生褪去浮华的外衣，只剩下一副空荡荡的躯壳，精神是空虚的，人生是虚度的。

其实，听一支曲、读一本书、品一杯茶，并不是对生命的浪费，恰恰体现了对生命的热爱和尊重。追求精神的充盈，并不是以物质的富裕为必要前提的，它其实是一种人生态度，是一种境界。只要你想，读书就会是你空闲时的乐趣；只要你愿意，你的生活总会有音乐相伴。在诗情画意中生活，其实并不难。

周窝村这个普通而又不普通的村庄，带给我们的不应只是一时的羡慕与惊叹，更应是在惊叹过后深深的思考，以及对精神世界的不懈追求。

大雪无情人有情

2008年伊始，一场大雪席卷南方19省市，这是新中国成立以来南方遭受的百年不遇的特大暴雪。严寒、雨雪、冰冻袭来，灾情四起，京珠大动脉被拦腰斩断，旅客滞留。在这危难来临的时候，我们举国上下齐心协力抗击雪灾，充分体现了大雪无情人有情，一方有难八方支援的骨肉亲情和团结一致协力抗灾的精神。

山西是煤炭能源大省，但在这次抗灾救灾行动中，连我们全年生产煤炭 5.6 亿吨的煤炭大省都出现了煤荒。煤焦精煤一吨售价 900 多元，而电煤一吨售价只有 300 多元，但为了全力以赴支援灾区，山西焦煤集团、潞安集团常村煤矿、山西焦煤煤炭销售公司、大同煤矿集团等都放弃了自己的利益，不顾自己资源短缺，把煤炭发往受灾地区，为了同胞骨肉情，为抗击雪灾努力着、奋斗着。

大雪无情人有情。在这次灾难中，有多少人因抢险救灾而牺牲，有多少人为救他人而离开深深眷恋的家庭。湖南送变电建设公司的周景华、罗长明、罗海文三名电力职工，在长沙县沙坪变电站除冰抢险中不幸殉职，为确保国家电网安全献出了宝贵生命。感人事例还有很多，多少年轻的生命因为抗灾而消逝，他们的灵魂是伟大的。

今年的春节是一个不同寻常的春节，这场百年不遇的雨雪冰冻灾害席卷我国南方诸省，受灾人口过亿。为实现“通路、保电、安民”，让全国人民过上一个欢乐祥和的春节，总书记和总理既当指挥员又当战斗员，深入到受灾最严重的贫困地区和贫困家庭中，与民同甘苦。一个又一个看似微不足道的细节，组成了一段又一段饱含温情、关注民生的“最强音”，感动着你我他，温暖着你我他，彰显了一个大国领导人心系百姓、亲民爱民的博大情怀。

只有在危难时才能体现出团结的力量，只有在险情中才能彰显出大国风范。思群众之所想、忧群众之所虑、急群众之所求。在这次抗灾中，尽管环境恶劣、灾难重重，但我国人民众志成城，万众一心，为受灾同胞伸出友爱之手，敞开温暖胸怀，用实际行动诠释了什么叫“一方有难，八方支援”的大国风范，诠释了什么叫人间大爱。泱泱大国，团结是进步的根本，友爱互助是腾飞的准则，危难中见人心，险情中显风范，经

历过重大灾难，才能了解团结互助、友爱无限的重要性。

抵制日货对吗

继日本“购买”钓鱼岛并将钓鱼岛“国有化”后，日本又在钓鱼岛宣布行使警察权，这激起了中国人民的强烈愤慨。愤怒的中国人民随即发起了一场“抵制日货”的浪潮。

日本侵犯我国领土主权是每一个中国人所不能容忍的事，但在“抵制日货”的浪潮中更需要我们冷静下来理智地思考对策。

首先，中国日渐繁荣富强，我们面临的形势已经不是列强向我们倾销商品的时代，简单的“抵制日货”，不买日本车，不买日本的数码产品并不能使我们自己强大起来。要想真正在经济上遏制日本，根本上还是应该着力于高端产品的研究，用更好的产品“替代日货”，而不仅仅是“抵制日货”，这恐怕才是我们应该努力奋斗的目标。

其次，在这场浪潮中，有许多缺乏理性的行为发生。不少日本车被愤怒的人们砸坏，有些日本车专营店被打砸。爱国之心可以理解，但如此疯狂的行为造成的只是自己同胞的财产受到损失。甚至同胞之间窝里斗，将本应是团结一致的爱国同盟折腾得分崩离析，这不但无益于钓鱼岛问题的解决，甚至会引发社会动荡。爱国的方式有很多种，暴力并不是好方法，类似打砸日本车等非理智行为只会导致“亲者痛，仇者快”的结果。

对《感动中国》栏目的思考

一年一度的《感动中国》又落下了帷幕，围绕它的是与非再一次引起人们的争论。作为中国人一年一度的精神盛宴，《感动中国》承担着太多的责任，也饱受非议。

有人说，《感动中国》从一开始就是个错误，它把一些本属职责范围内的事当作楷模大加赞扬，反映的恰恰是当今时代人们面临的道德困境。连义务都成了美德，反映的恰恰是道德的滑坡。所谓缺什么补什么，真正好的时代不是英雄辈出的时代，而是不需要英雄的时代；一个道德水准高的时代是不需要道德模范的时代。他们认为，国家把本应该自己做好的事寄希望于单薄的个人，想通过《感动中国》这个平台让更多的人那样做，是虚伪和愚蠢的，是政治色彩浓厚的表现。

诚然，这些批评和指责有其合理之处，但对《感动中国》完全否定未免有失偏颇。作为中国人一年一度的精神盛宴，它确实起到了教化国人、凝聚力量、传递正能量的作用。《感动中国》主持人敬一丹说："每次的《感动中国》都是一次精神的洗礼。将灵魂洗净了，让自己相信世间还有美好，还有希望，才有勇气继续面对生活中的假恶丑。"从这个意义上说，《感动中国》早已超越了所谓政治需要和作秀的层次，上升到升华、净化心灵的高度，而这恰恰是当今社会缺少的，而且是迫切需要的。确实，不需要英雄的时代才是最好的时代，那么，在需要英雄的时代有那么多平民英雄挺身而出，用无私奉献温暖人心不也很好吗？我们无法苛求政府将一切做好，中华民族复兴大业还有很长的路要走，还有很多的坎要过，总需要一个过程。政府敢于将社会欠缺的一面暴露出来，并对那些为国家事业尽职奉献的人们致以崇高的敬意和感谢，这难道不值得肯定吗？为麻木的社会注入感动的努力，难道不值得嘉许吗？

我们生活在这个时代，就应该立足于这个时代的现实，循序渐进地去改造它，承担时代赋予我们的责任，而不应袖手旁观，甚至对他人的付出指手画脚、挑三拣四，把他人的努力视作徒劳无功。好的社会都是一步一步发展的，都是每个公民一砖一瓦建成的，有《感动中国》这样一个平台凝聚力量，鼓舞士气，燃起希望，指明方向，我认为未尝不是一件好事。我希望人们暂时放下对它的非议，脚踏实地地为构建自己理想中的文明社会而努力，等到真正实现了社会的高度文明，再回来评价《感动中国》，可能会更理智客观些。

对爱国精神的反思

近来想想，中国文化所认同和弘扬的爱国精神其实是有冷酷和残忍的一面的，它强调的是个人能为国家做什么，哪怕是为国献身也是应该的，这样的人才能被称为英雄。

为了国家和民族的荣誉，运动员们要承受高强度的身体训练和巨大的心理压力，只许成功不许失败的压力锤炼拷打着他们的内心。失败了，就是辜负了人民的期望，甚至本该得金牌却因失误没拿到都得痛哭流涕觉得对不起人民。为了不干扰训练，就连家人去世这么重大的事情都得瞒着，直等到他拿到金牌的那一天，才会上演一出催人泪下、“舍小家为大家”的爱国场面。当金牌至上，当胜利凌驾于人性伦理之上的时候，这样的爱国难道不是太残忍了吗？

不只是奥运会，自古以来我们推崇的就是“文死谏，武死战”的为国献身精神。如果你为国捐躯，哪怕是失败了都是英雄，都将受到统治者的表彰和社会的尊敬；而如果你投降了，哪怕你实属奋力拼杀后的无奈之举，你都是懦夫和叛国贼，你以往所有功劳都将一笔勾销。不仅使家人受累，有时还会牵连他人，就像汉武帝时期，一个李陵投降，杀了多少人，还让太史公无辜受牵连。这种爱国方式未免太过残忍了。留得青山在，不怕没柴烧，东山再起为国效力不是爱国吗?

中国人崇尚一种激烈的爱国方式，与古代传统社会中央集权制度有很大关系。在统治者眼里，百姓都是君主的附属品，都是国家的附属品，“普天之下，莫非王土；率土之滨，莫非王臣”，百姓从来就不是以一个独立的个体存在的，百姓的存在就是为了种田纳税，出征卫国，为国而死只不过是尽了责任罢了，授予“英雄”称谓充其量不过是给烈士家属一个安慰。

反观西方国家，他们强调的是国家对公民权利的尊重，充分理解公民所做的决定。就像二战结束后，美日两国就日本战败投降举行了庄重的签字仪式，而就在这见证历史的时刻，麦克阿瑟将军及时地将两位刚刚被俘获释匆匆赶来的将领叫到身边，让他们一同被历史铭记。麦克阿瑟为什么要这么做? 那是因为这两位将领都是力战之后无法突围，为了减少伤亡被迫投降的。麦克阿瑟这样做就是为了告诉所有美国人，国家不仅感谢那些英勇牺牲的战士，同样感谢和尊重那些为了保护同胞生命而投降敌人的失败者。也正是这样一种包容的精神，让美国的英雄文化和爱国精神给人一种温暖宽容的亲切感。

两国历史文化不同，所崇尚的爱国主义也不同。我们不能一味推崇西方文化，只是希望中华民族大义凛然、视死如归的爱国精神里能多一些人性的味道，少一些偏激的鞭挞。

多一个好人多一条路

世界上多一个好人，就多一条生路。

这句话放在武松身上很合适。当武松落入蒋门神精心设计的陷阱中，要被置于死地时，是一位名不见经传的小人物叶孔目全力周全，才得以逃出生天。同样，林冲被高太尉陷害时，也有一个当案的孙孔目，不肯害林冲，林冲因此获救。

这些好人，就像黑夜中皎洁而珍贵的灯塔，照亮人们前进的道路。

不仅在文学作品中，在我们的现实世界中，也同样有这样的一些好人，给别人照亮前行的路。

“最美老师”张丽莉选择推开学生，牺牲自己，把生的机会留给学生；“最美司机”吴斌，凭借强大的责任感和对乘客的爱心，创造了几乎不可能做到的奇迹；贫苦乡村的那些支教老师们，几十年如一日，放弃了城里优越的生活条件，毅然留下，只为着孩子们能有机会上学，有机会走出大山改变自己的命运，而不是一代一代留守在大山里种田、当矿工。他们付出的，也许是自己最美好的青春时光，甚至是整个人生……

世事真的如此，世间多一个好人，就多一条生路。这条路，不只是单纯地活着，更是心灵通向富足充盈的光明大道。

在我们的社会中，太多的人已被金钱、利益诱惑，变得麻木、可憎，已忘记了怎么去帮助他人、温暖他人。也许我们无法改变他们，但我们完全可以去当那个好人，尽己所能，勿以善小而不为，去成为那个照亮别人、温暖人心的好人。

悍匪周克华给我们的警示

背负十年命案，逃亡八年，作案手段残忍，抢劫总是一枪爆头，各地警方对他的悬赏金累计超过 500 万。他所到之处，百姓极度恐慌，这个被称为“中国第一悍匪”的亡命之徒于 8 月 14 日被重庆警方击毙。

周克华被击毙后，各大报纸、电视都对周克华其人进行了详细解读，从中我们可以得到一些启发。

孤僻，大概是周克华最突出的特征了，他的孤僻来源于家庭环境的影响。据说，周克华的父亲原先是一个城里人，后来定居到重庆市沙坪坝区井口镇二塘村。周克华一家几乎从不与邻里交往，村里的红白喜事也都一律不参加，就连周克华结婚都没有惊动乡邻，简简单单就把婚结了。由于性格孤僻，在这个充满激烈竞争和不公的社会里，没有文化的他只能选择沉默，并在这看似平静的背后积蓄着可怕的破坏力和畸形的英雄主义，不仅毁了许多无辜的人，也让自己踏上了不归路。

其实，因孤僻引发悲剧的远远不止周克华一人。几年前孤僻内向的马加爵不堪屈辱向室友举起罪恶的屠刀时，《百年孤独》中布恩迪亚家族在飓风中消失时，我们都分别看到了那种压抑很久的孤独爆发时的巨大危害。

高中时代，正是吃苦的时期，不仅身体受到挑战，心灵也在一次次的考试中饱受煎熬。如果将这种苦闷郁积在心里，不懂得向他人倾诉的话，很容易引发让人唏嘘不已的悲剧。因此，我们一定要多与他人交流，多帮助他人，不要让自己或他人成为下一个周克华。

理解刘翔

经历了雅典奥运会的辉煌，刘翔的身上承载了国人太多的梦想与希望。北京奥运会上的落寞退赛让全中国都伤心失望，而本次奥运会他重重地摔在第一栏前，更是在中国人心上狠狠地扎了一刀。

非议、批评如潮水般向刘翔涌来，似乎他的跟腱断裂是不可饶恕的罪恶。他的遭遇让我不禁想起了当年的李宁，失去金牌的他被潮水般的谩骂侮辱所包围，有人甚至给他寄了刀片进行人身威胁。被失望和愤怒击昏的国人忘记了李宁之前夺得的四块金牌，忘记了他为中国体育事业的呕心沥血。

单薄的生命难以承受全民之重望。推己及人，我们不能苛求运动员战无不胜，我们不能忽视伤病对运动员的影响。同样，面对失败的运动员，我们也不应该一味攻击和谩骂，毕竟，不论结果如何，刘翔单腿顽强地跳向终点的身影，已经让奥运精神在中国人身上得到了彰显，无论战果如何，刘翔已经创造了历史。祝福他能走得更远，走得更好。

美国驻利比亚大使为什么被杀

美国驻利比亚大使 9 月 11 日在利比亚班加西遇袭身亡，酿成美国外交史上的重大悲剧。同日遭到冲击的还有美国驻埃及使馆，而抗议者高喊的“我们全是本•拉登”的口号更冲击着全世界的媒体。在美国纪念

“9•11 事件”11 周年时，班加西和开罗的民众则用一个血腥的“暴力之夜”宣泄他们的反美情绪。

诚然，此次事件爆发的导火索是美国一部电影《穆斯林的无知》，它侮辱了伊斯兰教的创始人穆罕默德，伤害了穆斯林神圣的宗教信仰。是美国不仁在先，但这并不能成为暴力复仇的理由，更不能把这次暴力袭击看作是反对霸权主义，为争取民族和宗教尊严的正义行为。不管出于什么目的，采用暴力手段非法杀人就是恐怖主义。

恐怖主义的本质不是某种极端的政治、宗教或民族立场，而是不管从何种立场出发，都把残杀无辜平民作为向敌对者申诉其立场的手段。为了维护自己的宗教信仰而进行不屈的斗争故然值得人尊重，但以这样的方式复仇，只会让中东地区和平稳定的愿望再次破灭，而这种强烈的复仇情绪也极可能成为被人利用的工具。

再说美国，这场悲剧的根源就在于美国对伊斯兰教文化的蔑视和不尊重，激起了中东地区人民强烈的愤慨。当今的美国，可谓处在世界的核心位置，当惯了老大的美国人早已习惯将美国文化看作是世界上最先进的文化，而伊斯兰教在他们眼里就是“愚昧无知”的代名词，穆斯林们都是愚蠢的人。在这种心态的驱使下，再加上美国政府动不动就插手中东事务，打着维护中东地区和平稳定的旗号大肆牟利，更是助长了这种文化歧视的气焰，才引发了中东不断涌现的“反美浪潮”。

此事件发生后，希拉里曾困惑不解地说：“为什么我们给他们提供钱、物资、武器，帮助他们推翻独裁者的统治，他们还要如此对待我们呢?”其实答案很简单，和平从尊重开始，尊重中东地区人民的信仰，恐怕要比派去的几艘美国军舰管用得多。

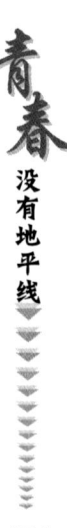

民间志愿者是“添乱”吗

在杂志上看到一篇文章《爱心不会过剩，只是需要更成熟》，文中说，雅安地震才发生一两天，志愿者就已经太多了，结果造成道路拥挤。伤者出不来，物资进不去，给救援造成了不小的麻烦，批评志愿者们是“添乱”。

五年前的汶川地震，留给人们太多的伤痛记忆，激起了中国普通民众心中久违的家国情怀。中国人民已不再是甲午海战中，在岸边冷眼旁观的冷漠国民，已不再是“各人自扫门前雪，莫管他人瓦上霜”的自私民众，而是在灾难与痛苦面前选择伸出援手，选择奉献爱心。那一年也被称为“公民元年”，国人开始真正具有了公民意识，具有了家国天下的情怀。这次雅安地震后，志愿者们不怕危险的爱心与奉献精神，就是对这种“公民意识”的最好诠释，这是无可非议的。

可同时，我们也该看到蜂拥而至的志愿者们给地震救援带来的不便。除了现在少数初具规模的民间志愿者团体外，大多数民间力量还处于“找几个人，找几辆车就出发”的状况，没有组织性和纪律性，政府也无法直接协调每一个志愿者，混乱的状况也就在所难免了。

中国地域辽阔，面对每一次灾难，我们不可能坐等政府专业化的队伍营救，从人力和时间上都不可能做到抢险的快速高效。所以从长远看，民间救援团体是一支不可忽视的力量。从过去“各人自扫门前雪，莫管他人瓦上霜”的冷漠与自私到现在的“一方有难，八方支援”的团结与凝聚力，这已经是中国公民意识觉醒的标志，是壮大民间救援团体的思想基础。我们现在要做的，是将其进一步规范化、专业化，而不是指责它是否应该存在，是否是在“添乱”。正如文章中所说“责怪目前民间力量的不成熟，就如同责怪一个 3 岁的孩子不能写出长篇大论，从而剥夺他读书的权利一样”，我们对待民间救援这个新事物也应该用发展的眼光去看待它，耐心、精心地呵护其成长壮大，而不是一味指责，全盘否定。相信民间救援团体定会从此次雅安地震救援中吸取经验教训，变得更加成熟，让爱心播撒得更加完美。

农民工真的很脏吗

报端又见公交车上时髦老太嫌农民工脏并对其辱骂驱赶的事。当时，车上众人对老太的行为都侧目而视，敢怒不敢言，最后还是一位十岁左右的小学生站出来制止了老太的行为。“农民工是我们城市的建设者，把他们都赶走了，谁来建设我们的城市啊?”在孩子稚嫩但震聋发聩的责问中，我想了很多。

暂且不说那位没素质的时髦老太，毕竟这样的人在今天已是少数，也不说那位正义勇敢的小学生在关键时刻挺身而出，孩子总是比成人更加简单而纯粹。我想探讨的是那些沉默的大多数，那些在对农民工的辱骂声中焦虑不安而又始终无所作为，仅是“侧目而视”的大多数。

对于“侧目而视”的解释，词典里是这样说的：形容畏惧、拘谨而又愤怒的样子。既然你很愤怒，既然你站在社会道义的一边，既然你觉得自己的良知在经受拷问，那么为什么你不站出来说一声“不”呢？为什么你要畏惧呢？为什么你会拘谨呢？在大多数人沉默的背后，怕是多有原因。

想起一个小时候很经典的童话故事《皇帝的新装》，当皇帝赤身裸体地在街上展示他的“华服”的时候，大多数人虽然心里认为皇帝没有穿衣服，但为了不让别人说自己愚蠢，本着“多一事不如少一事”的原则，良知在权威和自私面前低头了。也许，公交车上沉默的大多数人并不是没有良知，他们也不满，他们也愤怒，但他们的一腔正义“在多一事不如少一事”的心态下退缩了，他们对弱者的同情在“各人自扫门前雪，莫管他人瓦上霜”的思想下落败了，剩下的只是一堆良知的碎片，凌乱而又悲哀。

而在这独善其身的避事思想背后，我认为隐蔽更深的内容是：人们都还没有真正把社会大家庭当作自己的家，还没有真正怀着一颗尊重和关爱的心，把他人看成自己的亲人。试想，如果你的亲人受此凌辱，你会坐视不管吗？如果你的亲人辛苦工作，却连坐公交车的资格都没有，你会袖手旁观吗？说到底，还是社会责任感缺失的问题，还是缺乏关爱社会、关爱他人的奉献精神。

刘瑜曾写道：相比于事无补的努力并为此付出生命的代价，我是否能够忍受自己在别人极端痛苦面前无所作为？对极端情景的想象是认识世界、认识自己的捷径，而太平时代只是模糊人性，好人显不出好，坏人显不出坏。而我想说：仅仅是面对他人不公平的凌辱，而我们也有能力去制止的时候，我们为什么不出手？我们为什么不站出来？这拷问的恐怕不单单是个人，还有整个社会。

虐童事件的思考

画面上，一名女教师双手扯着一个四五岁男童的耳朵，并将他提到离地十厘米左右的高度，男童的表情十分痛苦。而那位年轻的幼师却在开心地笑着，好像提着的不是一个鲜活的生命，而只是她手中的玩具。

这触目惊心的虐童画面就是生活中真真切切发生着的事，而这位丧心病狂的老师竟让自己的同事将这些传到网上，甚至配上一些卑鄙的解说。比如，在她的博客里，一张男童被扔进垃圾筒的照片旁配着“我把他扔进垃圾筒里了”；又如，一张小孩被胶带封住嘴巴的照片旁写着“活该”……一张张令人痛心的照片让我们不得不反思当前幼儿教育这一沉重话题。

中国的教育体制是不容乐观的，整体呈现出“两头小中间大”的态势。在儿童开启心智的关键时期，幼儿教育缺失；在学习知识的黄金时期，大学教育质量低，大学生进取心不强；而中学教育则越来越向着“炼狱”的标准挺进，为了升学率，为了给自己今后的人生奠定良好的基础，中学生们疯了似的学，老师们疯了似的教，就是为了几年后那张薄薄的录取通知书，似乎就已经把这辈子学习的劲儿都用完了，到大学那么宽松的环境中不偷懒才怪呢。而教育要贯穿人的一生，幼儿教育至关重要。因为一个人性格品质的初步养成、对世界的初步认识都是在这个时期形成的，一旦幼儿在童年时期受到身体上或是精神上的创伤，可能是永远无法弥补的。就像时间可以拔去钉在心上的钉子，却永远无法堵住那可怕的伤口。所以，教育改革也要从娃娃抓起。

孩子到了上幼儿园的年龄，家长们就开始发愁，公立幼儿园太难进，私立幼儿园的水平又参差不齐，好一点的也早就满员。无奈之下，家长只能把孩子送到差一点的幼儿园，这也就为这一系列的虐童事件埋下了隐患。

那如何改变目前这一现状呢？建设更多更好的幼儿园当然必要，但在目前情况下，没有那么多的场地和设施，也没有那么多高层次的幼儿教师。在这种情况下，最简便易行的就是安装摄像头，让家长可以随时了解孩子在幼儿园的活动情况，不给恶魔老师以可乘之机。同时，监管部门也要加大检查力度，没有教师资格证的老师不允许上岗。还有一个办法，就是可以考虑聘用那些已经退休了的、有丰富带孩子经验的阿姨照顾孩子的日常起居。这样既让那些阿姨老有所为，退休生活有了更多乐趣，又给了孩子周到细微的照顾，不是一举两得吗？

儿童是我们的未来，关爱儿童是我们义不容辞的责任，搞好幼儿教育改革问题也应当作为一项重要的民生工程来抓。

驱走乞丐，城市就美了吗

佛山为美化市容下令驱逐乞丐的事件引起社会各界的广泛关注，而早前发生的在天桥底建水泥锥防止流浪人员留宿的做法也同样引起了巨大的争议。

乞讨作为城市中出现的常见现象，作为城市边缘人群和弱势群体，政府不是加以妥善安置，让他们艰苦的生活过得好一些，而是为了所谓的美化市容，用一种简单粗暴的方式挤占他们最后的生存空间。这座城市的以人为本何在？这座城市的良心何在？

想起美国政治学家罗尔斯的一个著名假设：假设你是一个外星人，突然被扔到中国，你可能成为一个乞丐，也可能成为一个地道的城市人，这个时候，让你来设计对待乞丐的法规，你会怎么设计？

他有个术语，叫“无知之幕”，也就是一个人对自己的社会处境暂时失明的情景。如果你说为了城市环境的美化，要清除驱逐一切乞丐，当你睁开眼，发现自己正被城市管理者驱赶得无家可归时，你一定会后悔得捶胸顿足。

如果你说要让乞丐在城市中自由地生活，而当你睁开眼，却发现自己周围的生活环境一片混沌，到处都有乞丐的铺盖卷儿的时候，你又会后悔当时的决定。

其实，只有当你站在“无知之幕”后，暂时忘记了自己是谁时，做出的决定才更公平、更合理。而佛山的城市管理者恰恰是从城市人的角度考虑到了城市环境的美观，而忽视了对乞丐起码的关怀和尊重。

佛山的初衷是美化城市环境，提升城市形象，但这种简单粗暴、一味驱逐乞丐的做法无异于南辕北辙，城市看起来是美观了，但这座城市的良知和人文关怀的大厦却轰然坍塌。在这样一座冷漠无情的城市生活，人们何来幸福感可言，又谈何提升城市形象呢？

其实，我认为对待流浪街头的乞丐，给他们妥善的安置，给他们一处不算宽敞但足以容身的小巢，美化的就不仅仅是城市环境，更是美好的人心。

《中国好声音》为什么能赢得观众青睐

最近，一档名为《中国好声音》的选秀节目在国内掀起了一股收视狂潮，给日渐衰弱的选秀节目注入了新的活力。

这档节目是一档全球性的选秀节目，在其他国家同样很受欢迎。那么，它是凭借什么赢得了观众的心呢？

要想说清这个问题，我认为要从正反两方面想，为什么其他选秀节目抓不住观众的心？而《中国好声音》又凭什么赢得了观众的青睐呢？

曾经看过几档选秀节目，无一例外都是评委咄咄逼人，严厉尖锐地指出选手的不足，好像在他们眼里，谁都不好，不给选手台阶下，似乎节目组邀请他们来就是为了营造对峙来吸引眼球，而不是真正的选拔草根明星，提点新人。这虽然在一定程度上迎合了观众寻求刺激的心理，但雷同的环节设置，毫无新意的比赛过程，早已让观众失去了兴趣。再者，这些选秀节目很大程度上都是以貌取人的，选手们个个打扮得花枝招展，漂亮帅气的选手获胜的机会比那些相貌平平的参赛者要大很多。这不能不说是对选拔歌手的一种歧视，这早已脱离了歌唱本来的意义，失败也就成了必然。

反观《中国好声音》，很好地摒弃了这两种饱受诟病的缺点。评委坐着特制的可转动的椅子，背对选手看不到选手的容貌，这样就可以将注意力更加集中于声音本身，也给了所有选手平等的机会。转向选手的那一刻，评委也可以更加惊喜地发现选手，从而增强了该节目的可视性。与此同时，评委与选手的地位也更加平等，评委有选择选手权利的同时，选手也可以根据自己喜好选择导师，而这些导师们也得使出浑身解数表现自己，整个节目融洽而公平。

中国人是喜好和谐胜过冲突和矛盾的，其他选秀节目设置矛盾和对立无异于南辕北辙，失去观众也就不足为奇。

所以，一档好的电视节目不仅要有好的包装和设计环节，其和谐向上的内涵才是立身的根本。

三沙市成立随感

昨天，三沙市正式挂牌成立，这是中国改革开放以来的一个重大事件，也表明中国在维护主权方面毫不退让的强硬态度。看看近几年来中国对外态度的变化，以前遇到领土争端，中国多采取息事宁人的态度。这样避免冲突的做法在一定程度上维护了国际环境的稳定，也让我们能够腾出更多精力搞好国内经济建设。但是，这种不坚决的做法也给了越南、菲律宾等周边小国以挑衅的空隙。因为他们的每次挑衅都不会受到什么实质性的惩罚，反而，中国还会适当给他们点儿甜头，让他们停止闹事。这在一定程度上助长了越、菲等小国的嚣张气焰，让他们敢以经济疲软的弹丸之地来对抗地大物博、正处在蓬勃上升期的中国。

而现在，随着综合国力的不断增强，中国世界第二大经济体的地位越来越稳固，手中掌握制约菲越的牌也越来越多，越来越重，这时候给菲越以实际行动的警告就显得极为必要。而且，中国这次的一个改变也让我感受颇深。在这次三沙市的成立过程中，菲律宾曾多次发表外交抗议，越南也对菲律宾积极声援，而中国舆论却好像把这两个国家的抗议忽略了，我成立我的，你抗议你的，而不是菲越一有什么动作，全国就紧张兮兮，不能不说这体现了一种泱泱大国的风度和气派，也体现了中国在外交上更加从容、更加大气。

这让我想到了在社会生活中形形色色的人，越是有能耐、有实力的人，就越从容，越大气，不会因外界毁誉而扰乱心智，脚踏实地做自己认为对的事，任外界怎么说。相反，越是没实力、没水平的人就越是张牙舞爪，到处惹事，想通过这种方式让别人认为他还是有两下子的，这就是所谓的弱者心态。

我想，不管是大到国家，还是小到个人，只要拥有强大的实力和从容的心态，任你外界如何，我都能保持自我，那才是人生的一大境界。

随想随写

把小事做到极致

把小事做到极致，想不成功都难。

村上春树曾在朋友的推荐下去一家订制钢笔的钢笔铺订制“梦幻般的钢笔”。“门面是两扇玻璃门，连个招牌也没有，只有在门牌的旁边写着小小的‘钢笔铺’三个字而已。那开闭状况非常差的玻璃门，好像从打开到完成关紧得花一个星期的时间。”这是村上春树在文章中对这家钢笔铺的描写。从门面来看，这副惨淡的景象很难让人将它与“著名”二字联系在一起，更多地让人想到的恐怕是它似乎快要倒闭的命运。

像“栖息在森林深处的大鸟”一样的店主逐一测量他每一根手指的长度与粗细，确定皮肤脂肪的比例，又用缝衣针的针尖检查指甲的硬度，然后将他手上各式大小的伤疤都记录在笔记本上，还用手指沿着脊椎自上而下按下去。“人这种动物，是靠一节节的脊椎来思考、写字的，因此，我必须制造出能够与当事人脊椎骨契合的钢笔才行。”店主说。

看到这里，可能很多人都会想，制造一支钢笔用得着这么费劲吗?花这么多时间、这么多钱就为了一支钢笔，值得吗?

暂且不说为了制作一支“梦幻般”的钢笔费这么大工夫值不值得，

但就这种追求极致完美的精神就值得我们借鉴。

依稀记得日本有位著名的料理大师，他做的寿司让业界为之惊叹。他的餐馆很小，但食客非富即贵，吃一次便再也无法忘怀。他是个追求极致完美的人，据说在他那里当学徒，光拧毛巾就得拧十三年，然后才能学习最简单、最基础的日本料理，要想得到真传，恐怕出师之日就已经须发皆白了，但也将一生的智慧与心血倾注在一盘寿司上，足以见这份寿司的份量之重了。

这并不是说非要钻牛角尖，我们的人生固然要放眼长远，但同样也要把过程做得精致和完美。这世上本没有小事，没有任何一件你能马马虎虎应付过去的事。专注与钻研，把握成功的大方向，再把每一个细节做到极致，成功也就离你不远了。

病中感悟

(一)

在家休息了几天，明天就要再次回到课堂奋斗啦。回顾一下这一段的生活，也算是给这次生病作个总结。

回想一个月前，该死的蚊虫叮咬后，腿就开始不舒服，看了好多医生都查不出什么病，只能不停地做检查、吃药、在家休息。

生病虽然不好玩，但却迫使我暂时停下学习的步伐，放慢节奏，享受一下尽情读书的乐趣。那种感觉很美妙，不受约束，没有限制，与书中的人物同喜同悲，体会着别人的人生，感受着善恶的纠缠、人情的冷暖，心智似乎也成熟了不少。

最让我感动和难忘的是班主任和高 249 班的同学们。每天都有问候和祝福的短信、电话，每天都有自称“雷锋”的无名英雄发短信告知当天的学习内容和作业，怕我落下课。更让人感动的是班主任还和高249班慰问团来家里看望我，给我解闷。以前从未想过，还会有这么多人惦记我、关心我，也从不知道，一个班集体真能像家一样温暖，同学们都像兄弟姐妹一样团结。现在我信了，高249就是这样一个班级，高249的兄弟姐妹们就是这样团结！回想自己以前的所作所为，深感惭愧，只顾自己学习，对别人帮助太少。但现在我改变想法了，“一直被模仿，从未被超越”是因为有强大的自信，相信自己的能力，才能坦然大方地接受同学们的学习，才能毫不介意地将笔记借给别人。从前我做不到，但我的同学们做到了，今后我也将做到，把胸怀放开，才能活得坦坦荡荡。

再总结一下这两周的学习情况。读完《明朝那些事儿》（七本）、《送你一颗子弹》、《你若安好，便是晴天》共九本书，数学补完笔记，并预习了老师没讲的下一章，做题效果很好，也找到了轻松做题的感觉；历史笔记补完，还预习了下一单元；政治对照别人的笔记从纷繁复杂中抽丝剥茧，终于将难缠混乱的9课、10课归整完毕，这让我对自己的归纳总结能力自信了不少；最让人兴奋的要数地理了，以前的学习就像是在迷宫中，很茫然，不知道怎么识图，学得也很　乱，这次终于找到了学习区域地理的好方法：先描地图，然后再按照“位置”——“自然地理环境”——“人文地理环境”将知识汇总起来，既美观又完整，做起题来既快又准，这也让我信心大增。

生病这一段算是一个小假期，在同学们为月考忙得焦头烂额的时候，我还可以悠闲地读读书、写写文章，真是惬意。只是没有借此机会复习一下以前的知识算是一大损失。不过有方法，有努力，何必计较一城一地的得失呢？路还很长，我有信心走向辉煌！

（二）

输了几天青霉素，病就好了，今天终于要返校了。这一段时间，学校课堂对我来说已经有些陌生了，重新拿起那一摞摞新发的空白卷，心里有说不出的悲伤和无奈。

从小到大，我几乎没有一天迟到过，永远都是早早地就去上学了。我至今还清楚地记得，小学时每天催妈妈送我去上学，没开校门就守在门口，只想第一个冲进教室，更别说请假误课了，那简直能要了我的命。而现在呢，课程这么紧、这么难，在这个紧要关头，我却生病休息，月考都没参加，在别人看来应是求之不得的喜事，但我却怎么也高兴不起来。我丧失了多么宝贵的复习检验的机会啊！

除了考试，成堆的笔记要补，成山的卷子要补，同时还要掌握新知识，这着实让我着急。看着身边的同学们个个奋笔疾书，埋头苦干，我却只能望书兴叹，下笔就卡壳。老师在课堂上问的好多问题，同学们都能异口同声地答出来，而我只能默默地低下头，边做笔记边心中暗暗叹气。从未有过这般的紧迫感和挫败感，昔日课堂上的活跃分子如今被迫闭嘴，用沉默和埋头书写掩盖无知，怎一个凄惨了得！

也曾为此失落伤悲，确实，当光环与荣耀被生生地拖走，谁能不心痛呢？但反过来想想，这次生病误课也有积极的一面，起码它让我见识了现代医学的先进，起码它让我再进入医院时不再手足无措，起码它让我有勇气独自踏上前往首都就医的征途，起码它让我有机会经历挫败的考验，磨练心智，起码它让我变得更加沉稳与从容，让我能以平和心态面对纷繁复杂的课业，起码它让我更加明白母爱的细腻与伟大……

其实生病也没什么不好，上天总要给你一次机会成长，给你一段时间思考与领悟。我庆幸上天让我早些成长、早些成熟、早些拥有一颗沉稳淡定的心。当这纷纷扰扰的一切过去，接下来的日子里努力学习便是唯一的主题，休整好后，整装再出发！

感悟俞敏洪

俞敏洪常常对大学生们说，如果一个人的人生没有留下让自己热泪盈眶的日子，他的人生就是虚度的。

对于俞敏洪来说，他今日的成功是他的血泪凝结而成的。他的创业，有被北大处分后欲哭无泪的悲苦，有被美国大学拒收后无尽的绝望，有被其他培训机构恐吓后惊惧的战栗，有被抢救过来后痛不欲生的哀鸣，有被劫匪恶性抢劫时惊惶无措的凄怆，有在屡次失败后誓不言弃的决绝，有在频临绝望之际韧性十足的坚守，有在软弱无助之后不屈不饶的勇毅，有在涕泗滂沱之后愈挫愈勇的壮志。

俞敏洪的故事让我不禁想起了初三时在《读者》上看到的一篇文章《我们都不是神的孩子》，当时我正被学习折磨得昏天暗地，越来越临近的中考更让我的心情压抑而悲愤。看到这篇文章，我就像找到知音一般，再也忍不住连日隐藏的眼泪。大家都很苦，但坚持下去总会有希望的，当你再翻转身来回望那段日子的时候，你也会为当时的自己由衷地竖起大拇指，被自己的坚持所感动。

再次来到人生重要的交叉口，高二新学期的面目已依稀可见。虽然我知道前进的道路不会那么轻松，必定还会有初三时的艰难，但我仍然充满信心，去迎接那些将来会让我自己热泪盈眶的日子。不拼，如何知道自己行不行?

聚会有感

今天 YZH 过生日，请原来 249 班同学捧场。自上学期文理分科分别后，大家很少有机会聚到一起聊天胡闹，这次自然是个不错的契机。我想，大家应该都很期待。

经过长途跋涉，终于乘“11 路”来到饭店“麻辣香锅”。看着一个个老同学，还是倍觉亲切，气氛仍是那样热烈，互相开玩笑、打闹、调侃，仍是那样随意。但我总觉得什么地方变了，不再是过去熟悉的 249 班特有的味道。时间流逝，也有一些东西在悄悄改变，也许这就是成长。

每个人的生活轨迹都已不同，大家重新有了自己的生活圈子，有了新的喜怒哀乐，昔日的老友也渐渐变得陌生。说着一些不熟悉的名字，聊着一些不熟悉的话题，让人深深感受到了距离。哪怕是面对面，哪怕是打闹得前仰后合，但那种距离感始终未曾消散，让人们不禁感叹岁月的魔力和距离的无情，让往昔的亲密多了一些疏离感。见证往日友谊的怕也只剩下见面的那一声招呼了吧。或许，温暖和亲密仍藏在心里，但终究再也不会像过去那样默契。

短短半年，变化就已如此之大，每个人都在自己的道路上奔跑着、拼搏着，无暇念及旧情。只有在跑累了的时候，或是心中忽然涌起一种想念的时候，看看旁边，有昔日的好友也在一起拼搏，那种欣慰与喜悦也就足以排解落寞了。

这不禁让我想到那些在记忆中早已远去的幼儿园同学、小学同学、初中同学……那些曾点缀了我童年美好生活的友谊，已随着距离的日渐遥远而淡漠了，唯一的联系也只剩下了 QQ 上那一个个亮着的头像，一条条陌生的“说说”，说着一些完全陌生的名字，聊着一些完全陌生的故事，从未想过去联系。这么久了，各自的生活都变了，生活在不同的环境中，又有什么共同的话题可谈呢？

曾在 QQ“动态”中看到一个小学同学的自拍照：吸着烟，一脸放荡不羁，头发烫得乱蓬蓬的，眉宇间透着一股玩世不恭的神情，赤裸着上身，手里提着啤酒瓶，站在低矮的平房间。他似乎很骄傲，觉得现在的自己很厉害，有一种不可一世的感觉，让人恐惧。我不敢想象，自己曾经的同窗，曾经那么善良又略带羞涩的男孩，如今会像一个小混混那样浪迹于街头，浑浑噩噩地挥霍自己的青春。

每次翻看 QQ 上的好友动态，内心都有一种莫名的悲凉。我多希望每个人都可以像从前那样纯真美好，岁月可以像从前那样无忧无虑，深厚友谊可以不随距离而渐行渐远。我无法做到这些，对他们的痛惜也只能深埋在心底，我所能做的，只有默默祈祷：愿他们能浪子回头，愿他们一生安好。

可恨之人也有可怜之处

人们常说“可怜之人必有可恨之处”，近日思考这句话，反过来说，“可恨之人也有可怜之处”，也颇有一番考究价值。

想当年，纳粹无情屠杀犹太人，毒气室、人体解剖实验室、坑杀……杀人恶魔们无所不用其极。有时候真“佩服”他们的脑子，能想出那么多骇人听闻、惨绝人寰的杀人招数。我们恨他们，永远无法原谅他们，上帝也永远无法宽恕他们犯下的滔天罪孽，仿佛他们生来就是一副魔鬼的心肠。可仔细想想，他们也是有可怜之处的，人从生下来，哪个不是天真善良、纯洁无暇的？谁愿意整日拿着屠刀，在人们惊惧和仇恨的目光中度日呢？可为什么他们会沦为杀人恶魔呢？是纳粹党的洗脑逼迫，是当时黑暗的社会现实让他们的心灵发生了扭曲变态。人都是爱美的，谁愿意整日面对死亡和尸体？

记得《百家讲坛》中俞大华教授讲清朝光绪帝时，日军入侵，疯狂屠杀中国人，欺辱中国百姓。一位美国大使实在看不下去，解救了几个，可他发现，这种烧杀抢掠的事情太多了，残杀的景象太悲惨了，他的灵魂每夜都不得安宁，被迫回国找心理医生治疗。观者尚且如此，那么施暴者呢？从这个意义上说，他们不是很可怜吗？

再看《水浒传》中的洪教头，骄矜无礼地要和林冲在柴进庄上比武。诚然，他的嚣张嘴脸是可憎的，但想想他被林冲一棒打翻在地后，灰溜溜地走了，柴进竟然连一句安慰挽留的话都没有说。他败走时落寞的背影与他出场时的傲慢骄矜对比起来，难道不觉得他其实也很可怜吗？

乐观面对缺憾

有一种美，叫做缺憾；有一种缺憾，叫做完美。

——题记

我们总是不知足，总是事事苛求完美，总希望人生这颗橘子又大又甜，好让我们尽享世间的快乐。可橘子往往大而酸，抑或甘而小，不尽如人意。面对缺憾，我们何不采取一种积极乐观的态度，享受生命给予我们的缺憾中的完美呢？

其实，我们对于橘子缺陷的困扰，恰如干渴难耐的沙漠旅行者发现自己的瓶中还有半瓶水。悲观者会认为，只剩下半瓶水了，我一定走不出去了；而乐观者则会想，幸亏还有半瓶水，感谢上帝给了我活下去的希望。

缺憾是我们都不愿看到的，而遭遇缺憾，我们是否也应该像蔡志忠一样去乐观面对，看到缺憾中所蕴含的美呢？

有了孟姜女哭长城的故事，长城才更有文化底蕴；没有了神女峰的翘首盼夫，三峡的文化色彩将缺少重重的一笔。两者都以自身缺憾构成了一道凄美的风景。

英雄末路，更显其悲壮；壮志难酬，愈显其苍凉。而这种悲壮与苍凉又何尝不是一种美？荆轲刺秦，一去不复返，留下千古佳话；陆游忧民，但报国无门，写下万篇檄文；诸葛亮力辅二主，六出歧山，但“壮志未酬身先死，长使英雄泪满襟”，一生的抱负都随身死而灰飞烟灭。这是怎样的悲，又是怎样的美！如果没有遭受奇耻大辱的宫刑，司马迁又怎能写出“史家之绝唱，无韵之离骚”的盖世巨作《史记》！

“人有悲欢离合，月有阴晴圆缺，此事古难全。”正是这种“难全”的缺憾，成就了古往今来多少歌之不尽、吟之不绝的聚散离合的缺憾美。

“人面不知何处去，桃花依旧笑春风。”正是这种伊人已逝、芳踪难觅的遗憾给人以无限美好的遐想，留下了堪称千古绝唱的缺憾美。

人生总是十有八九不如意，缺憾总是不可避免，关键在于我们能否乐观地正视它、愉快地接受它、尽情地享受它。就像面对断臂的维纳斯，我们在缺憾中找到了别样的美；就像面对那大而酸、或甜而小的橘子，我们在欣赏中也能品尝到它与众不同的滋味。

我们不妨以“行到水穷处，坐看云起时”、“登东皋以舒啸，临清流而赋诗”的良好心态去面对人生中渴望得到却又得不到的缺憾。

“面朝大海，春暖花开。”乐观面对缺憾，让人生在缺憾中演绎出灿烂的精彩。

梨　　花

“五一”一到，天气倏地热了起来。百花争艳、群芳竞放的景色如图画般瞬间展现，而在百花间最吸引我的，还是那千树万树雪白多姿的梨花。

“五一”回姥姥家，乡间路旁到处是排列整齐、白花满缀的梨树。远远看去，就像是妖娆的树枝上落了一层硕大的雪花，有的梨花繁茂就像大雪球，让人燥热的心瞬间清凉了很多。万物皆艳，唯我独清，高洁是我对于梨花最直接的感受。

情不自禁地下车去近距离感受梨花。五片一尘不染的花瓣匀称整齐地分布在花心周围，洁净如雪，不禁使人想起雷渊的“雪作肌肤玉作容，不将妖艳嫁东风”。花心是一团圆润的绿色，色浓得恰到好处，几片花瓣树立，更将梨花点缀得淡雅而高洁。托一小朵梨花在手上，就像托起一只翩翩起舞的蝴蝶，轻盈归步过流尘。凑近去闻，一丝若有若无的清香让人陶醉，它不似桃花妖艳遍地飘香，也不似普通花平庸无香。梨花的香，是淡雅的君子之香。

漫步在满树梨花搭起的天然花架下，不禁想起了前两天的寒冷给这千树梨花带来的灭顶灾难。对柔弱的它们来说，狂风的呼啸似乎就意味着凋零，意味着死亡，但它们挺过来了，没有向严寒霜冻屈服，依旧倔强地开着，终于迎来生命的春天，重生的暖季。它们高洁，却不消极避世；虽柔弱无助，却用自己那一点倔强的坚持，谱写出了生命的华章！

当你在乡间小路上看到这一树树傲然开放的如雪般的梨花，难道你就觉得它只是一株普通的花？难道你就不想到它的高洁、它的倔强、它的坚强，不正象征了中华民族上下五千年的文人名士吗？不正象征了他们那充满傲气却悲天悯人的君子情怀吗？他们也是勇士！

世人爱牡丹，是爱其富贵，爱其妖艳；世人爱菊花，是爱其悠闲，爱其潇洒；我爱梨花，是爱其那种高洁，爱其那种倔强，更爱其那种坚持。在世人眼里，梨花也许很平凡，平凡到可以不屑一顾，我却要对它奉若上宾，高声赞美这千树梨花。

落 叶 思

秋天是落叶的季节，落叶的生命却绽放在每个春、夏、秋、冬。

——题记

夏天过了，繁枝满树，绿叶衬红花的场景也随之一并消散，而被秋风卷集着的，是那满地沙拉沙拉作响的落叶。

乍一看，这只是一幅平常的秋风落叶图，带来的也只不过是对人生苦短的哀叹罢了。除了凄凉和寂寞，能剩下些什么呢？可当我轻轻捡起它，却读出了别样的韵味。

这是一片落了的枯叶，是那种黄中透着些红的，看起来很老很老，身体已经脆了，一碰就能掉下渣子。它的经脉却依旧遒劲，就像铮铮铁骨的男儿垂垂老矣之时那双消瘦却饱含力量的手，竟透着一股坚定，我顿时被它吸引住了。它没有春天嫩叶的青翠生机，也没有盛夏之叶的蓬勃朝气，但却有一种饱经沧桑之后那种英雄暮年壮志不已的气概，令我深深震撼。

望着它，我陷入了深思。曾记否，春天它也曾骄立枝头，装点着大树粗壮有力的枝干，给大树披上绿色的新衣，给人们带来美好的希望；曾记否，夏天它也曾傲立枝头，撒下自己的那片浓绿，让大树枝繁叶茂，努力汲取阳光和雨露，让大树更加挺拔，也为人们撑起一片阴凉；而到了秋天，大树需要休养生息，等待来年的光荣时，它又义无反顾地纵身落下，化为春泥，在白雪的抚慰下安息，在纷扬的雪花中做着滋润大树的梦，这是它的重生！

当你看到这样的落叶，难道你觉得它只是一片普通的枯叶？难道你就想不到它的无私奉献，它的坚定信仰，至少也象征了广大劳动人民？难道你竟一点也联想不到，为新中国抛头颅洒热血，在祖国最需要他们的时候挺身而出，默默为祖国解放斗争的先烈？难道你就不会想到，这样不为名利，只为大树能顽强成长的落叶，宛然象征了今天为建设新中国，建设新社会而无私奉献的伟大的建设者？他们的一生不为自己而活，他们用生命装点了祖国蔚蓝的天空！

依旧是那片落叶，静静地在手中躺着，它饱经沧桑的面庞似乎很欣慰，终于有人读懂了它、理解了它。依旧是脚下大片大片被秋风卷集的落叶，沙拉沙拉，等待化作春泥，为新生的大树尽自己最后的力量。

生活中的三种人

生活中有好多种人，姑且大致将他们分为三类：老实型、精明型和大智若愚型。

先说老实型。没有什么大的追求，柴米油盐，循规蹈矩，不求有功，但求无过，没有什么害人之心，常常被精明人算计一下，但本性使然，无力还击。

第二类，精明型。他们的聪明表露在外，精于算计。千万要小心他们做的事，很可能一不小心，你就被卖了。比如，别人辛辛苦苦做了半天，功劳却被三句两句揽到了自己身上，别人只能哑巴吃黄莲，有苦说不出，心里恨得直痒痒，表面还得装作若无其事。但这种人往往会聪明反被聪明误，占小便宜吃大亏，害得人多了，就会沦为众矢之的，孤家寡人，得不偿失，无德者在社会上是难以立足的。

再说第三类，大智若愚型。他们似乎是最老实的，他们的聪明恰恰是大聪明，不计较于小事，而能把握住正确的大方向。小得小失根本不能干扰他们的内心，心如止水，似佛陀一般澄澈明净。我是比较鄙视工于心计、精明计较的人，太小气，没有磊落的胸襟，而对于那些大智若愚的人，则钦佩至极。对他们来说，那些小人占小便宜，他们不是看不出来，而是揣着明白装糊涂，饶有兴致地看他们表演，一如戏猴一般，而那些跳梁小丑们还以为自己得了大便宜，遇到了冤大头，殊不知自己已然成了人家掌中玩物，真是可悲可叹。

我想，一个人的聪明应该追求大智慧，而不应将其用于勾心斗角的小得小失中，要想做成大事业，首先要有大胸怀。

生命应张弛有度

人的生命犹如一张精美上好的弓，生来就是为了把箭射得更远、更准，实现自己的价值，如若良弓一生都未拉开，那便如敝履一般，枉费了天资；但如果弦绷得太紧、太久，就失去了生命应有的韧性，箭既射不远，也射不准，还有绷断的危险。因此，一张绝世良弓应是张弛有度的，人的生命也应如此。

希腊哲人说：“人活着，便是在赛跑。只有速度和方向，没有努力与坚持，没有奋斗与坚守，人永远也无法超越自己，活出人生的精彩，实现人生的飞跃。”

“天大寒，砚冰坚，手指不可曲伸，弗之怠”，“余则缊袍敝衣处其间，略无慕艳意，以中有足乐者，不知口体之奉不若人也”。盖宋濂之勤且艰若此。他出身寒门，没有显赫的家世作依靠，没有万贯的家财作倚仗，有的只是自己奋进的态度和刻苦的精神。在生命的道路上，他无畏地奔跑，跑过荆棘密布的逆境，跑上布满鲜花的康庄大道。

鲁迅横眉冷对千夫指，他在唤醒中国人灵魂的道路上奔跑着；哥伦布高喊着“前进！前进！”，他在探索与追寻的道路上奔跑着；华盛顿跃马扬鞭，他在实现民族独立与富强的道路上奔跑着……他们都是生命的奔跑者，在奋进中高唱着凯歌，他们的人生饱满而充盈。

但正如弓拉得太满会断一样，人生也应有放松和悠然的时光。精英阶层被生存竞争压得喘不过气，过着表面光鲜实则辛酸的生活，是否已失去了人生本来的意义？生命如此美好，何妨像梭伦一样在瓦尔登湖旁诗意地栖居，一盏清茶、一本小诗，沐浴在阳光下，享受大自然的恩赐，使心灵沉寂，生命净化；何妨慢一点，过一段平和静美的生活，没有忧愁和烦恼，与自己的灵魂来次深刻的对话？找段时间让自己慢下来，享受一下生活的美好，再收拾好行囊，踏上征途，岂不快哉？

生命如良弓，张弛有度，方能过得精彩。张是奋斗，彰显着生命的尊严；弛是放松，体现着对生命的热爱。一张一弛，演绎出人生别样的精彩！

生命在于奉献

诺贝尔曾说过：生命，那是自然给人类去雕琢的宝石。

生命在于奉献。音乐家把生命奉献给了音乐，给世界增加了旋律和活力；科学家把生命奉献给了科学，给世界增加了更多的知识；教育家把生命奉献给了教育，给后代人铺设了寻找光明的出路。

还记得那战火弥漫、硝烟四起的革命战争岁月里，多少先烈用自己的热血和信念，实现了对党和国家的忠诚和无悔。那高举炸药包、舍生忘死的董存瑞，那为了同志和部队，在烈火中一动不动的邱少云，那在牢狱之中仍保持革命信念的江姐，他们为了中华民族的崛起和未来，用自己的生命谱写了一曲革命岁月永恒的乐章。因为有了革命先烈们抛头颅、洒热血的无悔奉献，才能让旧时千疮百孔的中华民族浴火重生。

奉献是一首歌，歌到情处泪自流。

奉献是一杯酒，酒到醉时笑语稠。

奉献是一首诗，诗言有限意无限。

奉献是一壶茶，茶香满口情悠悠。

生命如同寓言，其价值不在长短，而在内容，奉献是我们心灵升华的必要路径。

还记得“非典”病毒肆虐的时候，一个个病人，生命垂危，那时他们怎么想？当他们看着匆匆往返的医生，又是如何想？而那些医生，他们没有过多思考，便把生命放在了死亡线上，义无反顾地走进了病房，继续他们的工作。一种奉献精神常存于心中，这就是生命的意义吧！他们为世界增加了一份健康，无愧于“白衣天使”的称号。他们读懂了生命，而病人也认识到生命的可贵，康复之后更愿意为社会添一份温馨与热情。“白衣天使”是平凡的，他们用自己的责任感，诠释了真正的伟大。伯克说过：生命在闪耀中现出绚烂，在平凡中现出真实。

“春蚕到死丝方尽，蜡炬成灰泪始干。”我们看见的，是老师们饱满的精神和清新有趣的课堂，是认真批改好的作业和一句句温暖人心的话语；我们看不见的，是老师们挑灯夜战，在昏黄灯光下伏案备课的身影，是用尽心血一点点思考批改出来的作业和饱含对学生鼓励期望的心语。正是他们的奉献，让我们的祖国有了高科技、高素质的人才，让腾飞中的中国尽显大国风范，让有五千年历史文明的古国在世界舞台上崭露新貌。

生命,是自然给人类去雕琢的宝石,我们要用奉献之心雕琢它。

奉献是道亮丽的风景线，它如同兰花般淡淡的花香飘散在你身边；它是五味子，酸甜苦辣俱全；它更是一壶老酒，香醇入心扉。生命在于奉献，让我们把自己有限的生命奉献给国家，奉献给人民，奉献给世界吧！

随　感

（一）

今天看到一篇散文，里面有个观点让我感触很深。我们之所以会和别人吵得不可开交，是因为我们坚信自己的观点是正确的，我们是在为坚持真理、维护真理而战斗，别人的说法都是错误的。

其实想想，生活中这种例子还真不少见。反省自己，也经常为了坚持自己的某个观点和别人争得面红耳赤。但在今天，我彻底想明白了一个道理：你可以选择坚持你的观点，但你并不能认定它就是真理，而别人就是一派胡言。你有选择的权力，但你也应该尊重他人的观点。有时你所坚持的，可能只是真理的一部分，抑或是个谬论，而真理就在那里，不悲不喜，静静地看你为它探索、追寻，“衣带渐宽终不悔”。

因此，在今后的学习生活中，我想我不会再因为所谓的“真理”而与人争高低了。我想，我将会静静地聆听，静静地思考，静静地、稳稳地去触摸那躲在茫茫天幕中的真理，决不放弃！

（二）

等待，不是一种怠惰，而是期待沉寂之后的绽放；等待，不是一种逃避，而是为了更好地厚积薄发。就像毛毛虫等到破茧成蝶，飞越沧海的未来，就像种子等到破土而出，重见天日的时光。有时，暂时的等待是一种智慧，暂时的甘于寂寞是为了更好地出发。

（三）

在我们普通人眼中，世上杰出的人物无非有两种：一种是永远用来被仰望的，例如于谦。对于他的人生轨迹我们只能用惊叹来形容，年幼时被颇有功力的大师预言为“救时宰相”，少年时聪颖过人，属于“神童”序列，17 岁便能写出《石灰吟》这样浩然正气的诗句。玉树临风，口才极佳，浑然正气，一心想着百姓，连皇帝都成了他的粉丝，喜欢听他说话。在他担任陕西、河南巡抚时，恪尽职守，“一年两度太行山”，为治旱、救洪呕心沥血，被老百姓赞为“于龙图”、“于青天”，临走时还留下了“两袖清风”的千古佳句。他一生为民、为国作出了巨大牺牲。在瓦剌进犯北京时，他挺身而出，“挽狂澜于既倒，扶大厦于将倾”，领导北京保卫战，取得胜利，却因得罪小人含冤而死，他的一生是用来被人仰望的。

还有一种是有普适意义的，是我们可以借鉴的，例如曾国藩。一个背不会课文的笨小孩能够通过自律，奋斗成长为晚清中兴名臣，一代理学宗师，他的人生轨迹是有很多值得借鉴之处的。他和我们一样也有很多毛病，在他身上可以看到我们自己的影子，但他克服了这些缺点，成功了。只要我们有毅力、肯吃苦，达到那种高度也不是没有可能，至少那样坚持不懈地做下去，一定会是一个全新的值得自己尊敬的自己。

（四）

没有一个可以在本乡本土被接受。家乡的亲朋故旧、邻里乡亲从小看着你长大，你小时候的糗事，你的脾气习性大家都了如指掌。在他们眼里，你不过是张三或者李四家的孩子，你的一切辉煌的成就都被他们记忆中你的糗事冲淡了，何来尊敬?

伊斯兰教创始人穆罕默德在家乡受到迫害，他独自带着信徒艰难创教，成功也是在他乡别处。而在他的家乡，他仍未被接受，直到他快去世，他才和家乡的贵族势力达成协议，但过程依然十分艰难。在他乡，穆罕默德就是真主安拉的使者，受到教徒们无限的景仰和爱戴，而在自己的家乡，这种礼遇简直就是奢望。

既然想要为自己创造一个辉煌，何不背起行囊远走他乡，闯出自己事业的一片天？在那个陌生的地方，重新开始。虽然举目无亲，但心中的梦想就是陪伴你的良友，纵然千难万险，你没有任何庇护，但奋斗的信念、成功的渴望，将成为激励你的珍宝。也许，你将度过一个个今后回想起来连自己都会被感动得落泪的日子，但这何尝不是人生一笔珍贵的财富呢？

是啊，既然没有一个伟人可以在本家本土被接受，那么我们为何不勇敢地背起行囊，去寻找实现自己理想的土壤，播种汗水，收获希望呢？

随想录

（一）

秦国秦献公去世，其子即位，为秦孝公。孝公已经 21 岁了，这时黄河崤山以东有六个强国，淮河泗水流域十几个小国林立，楚国、魏国与秦国接壤，魏国筑有一道长城，从郑县沿着洛水直到上郡，楚国自汉中向南占有巴郡、黔中等地。各国都把秦国当作未开化的夷族，予以鄙视，不准参加中原各诸侯国的会议盟誓。目睹此情，秦孝公决心发奋图强，整顿国家，修明政治，让秦国强大起来。而秦国也从孝公开始，走上了大国崛起之路。

弱国无外交，国家弱了就要受欺凌，受轻视，受侵略。正如晚清风雨飘摇的中国，泱泱大国竟似一个空壳，硕大的身躯随时会倒下。西方看不起我们，把我们当作只会吸食鸦片的“东亚病夫”。烧杀抢夺无恶不作，不平等的条约签了一个又一个，谈判只是形式，搜刮才是本质。但正如秦孝公一样，当时的中国也有一批忧国忧民渴望富强雪耻的志士仁人，决心比天大，毅力比海深，终于“驱除鞑虏，恢复中华”。

国家如此，个人也如此。其实，不管你处于怎样的困境，眼前有着怎样的困难，只要有决心、有毅力，痛定思痛，一定能找到解决的办法，也一定能让自己迈向成功。

（二）

相比于外露的霸气与聪明，内敛的沉静似乎显得更有力量，更能给人一种深不可测的神秘感与敬畏感。当我们看到一个不管什么时候都能平心静气、镇定自若的人时，一种信赖感和敬畏感就会油然而生。

对于一个领导者来说，更是如此。领导者是团队的主心骨，是整个集体灵魂性的人物。遇到困难和突发事件时，如果领导都慌了，那其他人就更没了主意，失败和分崩离析也就在所难免了。沉静而内敛，别人就看不透你那一角的冰山下隐藏着多少深厚的智慧，而如果慌了手脚，便等于将自己的弱点完全暴露在别人眼前，不仅不成熟，甚至有可能将自己推入险境。

沉静的人多深邃，能够静下心来想得更远、更深。而急于表现自己、聪明外露的人恰恰是聪明有余，智慧不足，有点成绩就翘尾巴，永远不会获得精神上质的升华与提高。

做一个沉静而内敛的人，在心中修篱种菊，灵魂便在这沉稳中悄然升华。

（三）

大象无形，大音希声，真正有力量的往往不是纷繁复杂，而是至简至朴。做一个纯粹的人，在自己热爱的事业中简单地奋斗着，没有那么多勾心斗角，没有那么多心机暗算，没有那么多阴谋诡计，该是一件多么难得而又幸福的事。

韩国总统朴槿惠向来反对党派政治，认为拉帮结派、谋求靠山，势必会形成利益共同体，在与对手的较量中消耗韩国国力，不利于国家发展。于是，在从政的几十年里，她始终坚守自己的内心，不拉帮结派，看似孤立无援，实则拥有整个大韩民国群众的信任。她始终淡定自若地活着，纯粹而简单地努力实现着自己的政治理想，务实而又浪漫地为国家描绘出一幅壮美的蓝图。

不争，乃大争。不争，则天下之人莫能与之争。做一个纯粹的人，不要被蝇头小利迷了心窍、失了初衷，看得长远些，人生道路就会更开阔、更灿烂。

大到整个社会，小到一个学校，将视线聚焦在身边的同学身上，也会发现一些缺乏远见和胸襟的事。比如，不愿意把课堂笔记借给别人看，却千方百计想从别人身上获得成绩提高的秘诀；对自己在外面报个培训班都讳莫如深，生怕别人知道了超过自己。这些人看起来特别精明，对自己的学习方法等闭口不言，却通过各种手段觊觎他人方法而心安理得。时间长了，整个人都会呈现出一种鬼鬼祟祟的状态，让人不愿接近。

曾有句话这样说：“你的心有多大，笑容就有多灿烂。”整天算计而不懂豁达大度的人，只看到眼前从同学身上获得的一点小便宜，殊不知这样却让自己失去了别人的好感与信任，终究会为自己的人生埋下祸患。

所以，做一个简单而纯粹的人，不仅是一种宽广的胸怀，更重要的是一种高瞻远瞩，是为自己的理想铺平道路。

我们应该给子孙留下什么

泰国警方 9 月 3 日说，泰国红牛饮料创始人许书标之孙沃拉育•约魏亚在曼谷驾驶法拉利跑车撞死一名巡警。跑车拖着警察的尸体和摩托车行驶 20 多米，然后加速离去。不仅如此，他还试图找人顶包逃避制裁，但最终落入法网。

许书标人称泰国“饮料大王”，祖辈为旅泰华人，今年 3 月逝世，给继承人留下大量资产，包括全球闻名的“红牛”商标。

看到这则新闻，我不禁对许书标感到深深的惋惜。奋斗了一辈子挣下的家业眼看着就要被这些不肖子孙败光，经营了一辈子的声誉也因这些丑闻而蒙尘，他留下的那些钱对他的子孙来说恐怕是弊大于利的。所以我认为，给子孙留下宝贵的思想精神财富远比给他们金山银山明智得多。

这让我不由得想起疏广的一句话：“贤而多财，则损其智；愚而多财，则益其过。”也正是有了这么一个明智的指导思想，疏广没有为他的子孙添置家产，而是躬身教育子女，成就一段佳话。

曾国藩也曾说过“凡世家子弟，衣食起居无一不与寒士相同，庶己可以成大器。”所以他从不给子孙留家产，而是通过言传身教谆谆教导，将儿子曾纪泽培养成了一名忠义血性的杰出的外交家，为中华民族反对外国欺辱做出了卓越的贡献。

而反观当今一些富商大贾，为子孙置房产、找工作，留下丰厚的遗产，却让那些纨绔子弟花天酒地地挥霍掉，更有甚者做出一些泯灭人性的残忍勾当。这样的遗产，无异于将自己的子孙和家业推入万劫不复的深渊，这又是何苦呢?

把用来赚钱的时间分出一些来教育孩子，让孩子明白白手起家的艰辛，明白幸福生活的来之不易。教给他们宽容忍让，教给他们诚信待人，传授自己毕生的智慧，塑造他们健全的人格。不仅要让他们物质充裕，更重要的是要有一个丰富的精神世界和一颗善良而正直的内心。以此遗之，不亦厚乎?

寻路的智慧

连日纷飞的雪花带来路上厚厚的积雪，洒上融雪剂后便成了一片伴有冰渣的“汪洋”，虽然从外表上看同普通积雪一样，但是一不小心踩到了上面，那就“人鞋俱亡”了。在这些天同“汪洋”的斗争中，我总结出了一些找实地的方法，也从中领悟到了许多道理。

方法一：先试后走。所谓“先试后走”就是在决定迈出那一步之前先用脚轻轻踩踩，从踩的感觉判断这里是否可以安全通行。在没有总结出这条经验之前，我可谓走一步陷一步，不到几步路的功夫，脚腕以下便全部湿透，裤子上都结着冰渣。在经过了多次失败和教训后，我所总结的“先试后走”之法是屡试不爽，总能寻找到一条最安全的线路。

方法二：一步到位。说到“一步到位”那就要看技术了，看你是否能一下跳到你选定的安全地点。做这一步前一定要小心，因为这一脚下去，踩准了可保持脚和鞋的干净，而踩不准，则有可能“千般努力，毁于一旦”。你没有任何补救的机会，唯一可以做的就是做好准备，迎接那一“跳”。

方法三：纵观全局。从一个地方到另一个地方，可能有很多条路线可以选择，但哪条是最安全最便捷的，则要依靠你智慧的头脑了。对于这个问题，纵观全局应该是不错的选择。在对比了多条路的优劣后，再加上你亲身的实践，“全身而过”应该不成问题。

以上就是我这些天不断地找寻、探索后总结出的“寻路”方法，在找寻中我也悟出了一些道理：其实，在雪天中找的那条最安全的路，便是我们的人生之路。我们在这条路上不断尝试，不断失败，不断地总结经验。“先试后走”是第一级智慧，“一步到位”更进一步，而最难得便是“纵观全局”。在找寻中，丰富的是我们人生的经历；在探索中，成就的是我们最美好的未来。

英雄不可自剪羽翼

英雄不可自剪羽翼，不管在什么时候，都不能放弃自己的力量，使自己处于孤立无援的境地，最终只能束手待毙。有实力，手里有筹码，就不必畏惧，腰板就能挺直，就不用畏首畏尾，寄人篱下。

曾国藩领命墨绖出山，从一穷二白到创建威风凛凛的打击“长毛”的中坚力量——湘军。其过程可谓呕心沥血，也培植了众多心腹干将。甚至从某个意义上说，这湘军就是他曾国藩的，没有他曾国藩的命令，就是朝廷圣旨下来，执行不执行都是未知。也正是这支凝聚于他一手的精兵队伍，打败了太平天国，为曾国藩带来了无限荣耀。

但曾国藩是汉人，不免受朝廷猜忌，更兼慈禧掌权，威逼利诱，迫使曾国藩裁军，只留下为数不多的湘军。在“长毛”灭后，紧接着便是捻军猖獗，在朝廷需要他剿灭捻军的时候，他的兵力不足，又非亲兵，心腹爱将又接连战死、病死，加之早年气盛，得罪了不少人，这次出山剿捻，更是处处掣肘，最终导致英名尽毁。

在处理天津教案的时候，又饱受非议，陷于不忠不义之地，“外惭清议，内疚神明”，都是自剪羽翼、自断臂膀的结果。

再看林冲，扎根骨髓的奴性让他不敢反抗，在去沧州的路上甘愿被董超、薛霸折磨得最终丧失了反抗能力，在野猪林险些被害。林冲的不幸，实有以自致之，是他自己绑住了自己的手脚，解除了自己的武装，任人宰割。而武松大闹飞云浦，连杀四人，其中两个还是蒋门神的徒弟，习武出身。那时的武松和林冲一样，戴着行枷，脊杖二十，武松是自己救了自己，而林冲一个大英雄，却只能哀哀乞怜，都是自剪羽翼的结果！

语　　丝

当一个人面对生活挑战时，往往会有这样两种反应：第一种人，临阵退缩，想用娱乐、放纵来逃避现实。虚拟世界、酒精就成了他们逃离现实的麻醉剂，最终将一事无成，被社会淘汰；另一种人，面对挑战和巨大的痛苦、压力，也曾彷徨过，也曾退缩过，也曾想过放弃，但还是咬牙坚持过来了。再挺那么一下，可能你就成功了，而就是那一下，很多人就做不到，这就是为什么社会有层次的原因。

同样的两个小孩，一起上学，一起听课，A 考上了重点初中，B 考上了普通初中，这三年，差距就在拉大；到中考，A 又考上了重点高中，相当于一只脚已经踏入了重点大学的校门。而 B 呢，高中同样很普通……

以此类推，几十年以后，曾经相同的两个同学，生活状态和层次就会截然不同，为什么呢？坐在同一个教室里，听着同一个老师的讲课，做着同样的作业，课业难了，A 坚持下去了，而 B 放弃了、妥协了、逃避了，所以他下去了，这就是坚持与否的结果。

一个人要做成一件大事，必须要有强大的自制力和不懈奋斗的毅力。曾国藩说世上最害人的两个字：一曰“惰”，二曰“傲”。“傲”可能只是对那些有些许成就的杰出人物而言是失败的根源之一，而“惰”则是对芸芸众生都有警示作用的，是放之四海而皆准的。人都有惰性，都渴望安逸和快乐，这就为“惰”的产生创造了条件，为那些胸无大志、没有坚定意志的人挖好了陷阱。你掉进去了，你的一生便只能是碌碌无为，耗尽了一生都只能在原地打转。

而君子、杰出人物，有一个很重要的品质，就是“慎独”。就是不仅需要在别人面前表现出君子风范，在独处时更要对得起自己的内心。君子不仅要对天诚、对地诚，更重要的是对己诚，在为人生理想努力奋斗的过程中，能够做到不自欺欺人，遵循自己内心的声音。在困难面前咬牙坚持住，绝不放弃，便是境界的一大提高。

月的另一面

又是一年花好月圆，中秋佳节亲人团聚。皓月当空，寄托着无数美好的情感，演绎着无数浪漫的故事。自古以来，月亮都是游子们怀念故乡的象征，都是合家欢乐的载体。“露从今夜白，月是故乡明”，涌出的是远在他乡的游子对故乡难言的思念和惆怅；“海上生明月，天涯共此时"，流露的是四海宾朋借月团圆的欢乐与豪爽。月中嫦娥起舞，玉兔捣药，给人无限美的遐想，激起人久违的诗性。月在人们眼中，从来都是充满柔情的。中秋之夜，月就像母亲那双温柔的眼睛，将清辉静静洒向大地，与世无争，静谧安详。

而今年的中秋之夜，望着天空中那轮从厚厚的云层中镇定自若走出来的皎洁圆月，我却有了不同往常的感受。

吃完晚饭，照例在姥姥家的小院里悠闲地散步，晚风习习吹来，竟觉得有些冷。抬头望着天空，想在黑幕中找寻到那轮光明的圆月，却不遂人意，刚刚还对我展露笑颜的月，此时却不知道躲到了哪里，偌大一个天空，只剩下无边的漆黑和阴暗。我心中不免有些失望，十五的月亮，我难道真的看不到你绽开的笑脸了吗？正在我落寞诧异之际，却猛然发现了金黄色的亮光，抬眼望，在厚厚的乌云缝隙中，竟然找到了月亮的身影。只见她神态安详，镇定自若而又充满刚性，勇敢而无畏，身旁的乌云好似张着血盆大口的怪兽，想要把月吞噬，吞噬掉大地最后一抹亮光，暗夜中最后一丝希望。我真为月捏一把汗，生性温柔的她，真得可以逃离乌云的束缚么？月越升越高，乌云已挡不住月冲破黑暗的脚步，一丝光亮，一小半，一大半，整张灿烂的笑脸，月重新高悬在天空。刚毅退去，柔美归来，一切恢复了宁静。慢慢散去的乌云好像在摇头叹息，恨不能将月吞噬，恨月的坚定、月的坚强。渐渐地，辽阔黑幕上只剩下了月这颗最耀眼的宝石，世间万物都无法阻挡月的光辉，只因她无所畏惧，只因她坚定不移。

看到这感人的一幕，我不禁想到了历尽艰难终见光明的中国革命，那伟大的革命不正像那轮伟大的圆月吗？从鸦片战争开始的中国近代史上，革命的脚步从未停下，从旧社会的受侵略、受压迫，到现在的繁荣富强，新中国成立 60 周年，国庆阅兵式上所展现的中国军人风采，更见证了中国革命的光辉历程和伟大成就。中国革命的成功，靠的就是这种坚定不移的信念和开拓进取的精神，靠的正是这种“拨云见月”的勇气。月在我的心中，已不是先前那种充满柔情的形象，在这温情的背后，我看到的是月刚强的另一面，看到的是一种坚定和执着，这正是一切胜利的源泉。

谈“谈笑有鸿儒，往来无白丁”

今日回想起刘禹锡的名句“谈笑有鸿儒，往来无白丁”，不知怎么，竟有了些新的看法。第一次听到这句话，我第一反应就是这种做法不可取，怎么能排斥下层民众呢？作为一个有知识有涵养的大师，怎么能说出这么伤害人们感情的话呢？可近日读到的一则故事却引起了我深深的思考。

有一个富户家财万贯，乐善好施，经常无私地接济他的穷亲戚和落魄的朋友。朋友病了，他出钱治；朋友家没粮了，他送面送粮食；朋友的父亲死了，他花钱安葬，可谓将好人做到了极致。即使这样，他的朋友还到官府举报他，说他是因为偷了别人的钱财才这么富有的。

在狱中，他百思不得其解，就质问他的朋友：“我对你那么好，你为什么还要陷害我？”他朋友说：“就是因为你太成功了，你的成功就表明我的失败，你对我越好我就越难受，所以我一定要让你倒霉。”

这句话让人读来真可谓是触目惊心，朋友的背叛不是因为你对他不好，而是因为你太成功了，让他的自尊心很受伤。可如果他也是一位成功人士，你俩的层次旗鼓相当，这种事情发生的几率不是会小很多吗？

并不是说交朋友必须结交豪门大户，普通百姓就不能交朋友，但假如你自身水平很高，成就很高，而你的朋友却一事无成，和你相比落差如此之大，想让他不嫉妒岂不是太难了吗？你毫无私心地帮助他，如何才能让他觉得你不是在可怜他？由嫉妒而生恨，引发富户的悲剧，岂不是得不偿失吗？而如果你很成功，你的朋友也很成功，你毫无私心地帮助他，在他看来你不是在可怜他，而是出于朋友之义，那你们的关系就会更进一步，这样不是更好吗？

所以，我认为，交朋友时首先要以一颗爱心，真诚地对待每一个人，但无须和每个人的关系都很亲密。知心朋友要选择一些有能力、有思想的优秀人才，这样，你就会在与他的不断交流中汲取思想的精华，不断进步，而他也能从你身上得到启发，共同努力，达到双赢的目标。

做社会调查的随感

今天是“领导力小组”第一次大规模进行集体活动，活动内容就是分发调查问卷，并派送文老大自掏腰包准备的神秘礼物——精美的感冒发热小常识宣传页。这次活动虽然很累，但我从中收获到不少有益的东西，虽然也遇到过不耐烦和拒绝，但更多的是心中满满的温暖和感动。

万事开头难，这句话果然不假。本着“兔子先吃窝边草”的原则，我和常嘉乐首先从就餐的地点开始行动。我们首先选择了一位看起来比较和蔼的女客人，心想这次肯定是个开门红。果然，当我们鼓起勇气向她介绍我们具体的活动和目的时，她爽快地答应了。可意料之外的事情发生了，她旁边的那位男客人斜着眼瞟了一下我们的调查问卷，然后用很不屑的语气说：“你们做这有什么用？都是虚的，来点实在的把我的药费报销了。”这是我第一次做社会调查问卷，就遇到这么令人尴尬和难堪的情况，我心里很不是滋味，自己又没做错什么，凭什么被你们一通调侃？只不过是个调查而已，用得着这样敌视吗？但本着以和为贵，用礼貌的言语化干戈为玉帛的精神，我还是很快让自己平静下来，就当什么都没有听见一样，继续诚恳地介绍我们的课题。那位男客人好像也意识到了自己刚才的失态和粗鲁，在我们将要离开时真诚地道了歉。那一瞬间，看着他诚恳的满怀歉意的脸，我突然感受到以诚感人、以宽容和微笑化解危机的力量是那么巨大。诚，也许真得能四两拨千斤。

虽然有挫折有坎坷，但更多的是感动，是温暖，是陌生人之间相互信赖的真诚力量。今天是近几周来最冷的一天，鹅毛大雪选择在这一天不合时宜地下起来，虽然增加了我们工作的难度，但更反衬出真诚、信赖力量的伟大，能够消融心灵的坚冰，带给人满心的感动。好几次问卷发送都失败了，我和常嘉乐在寒风中无助地徘徊着，希望能找到一两个路人解我们的燃眉之急。太冷了，风呼呼地刮着，像刀片刮着我们的脸，也折磨着我们渐渐绝望的心。突然，像看到救星一样，一个二十多岁的小伙子走了过来，步履匆匆，像是赶着要做什么事。我快步跑上前，鼓起勇气向他介绍我们的课题，可刚一开口我就后悔了，看他行色匆匆的样子，一定很忙，自己这么做太没有眼色，肯定又得碰一钉子。出乎我们意料的是，他抬起头认真地看了看我们的问卷，然后说："你们等我一下，我拿个东西，马上回来。"说罢一路小跑离开了。"他别是逗咱们玩的吧，现在这么冷，哪有人为专门给你写这个还返回来?"我心里也很犹豫，等还是不等？问卷还有这么多，万一他不回来，我们的任务就有可能不能按时完成。可不等，我的良心上又过不去，万一人家真回来了，不是辜负了人家一片信任和热情吗？宁可人负我，不可我负人，尽吾志也而不能至者，可以无悔矣，内心坦然，便足矣。

"过尽千帆皆不是，斜晖脉脉水悠悠"，在寒风中，我们真可谓是望穿秋水。时间一分一秒流逝，路口的红绿灯也不断变来变去，我们渐渐焦急起来，他真的是逗我们玩的吗？就在我们渐渐绝望之时，还是那个身影，还是一路小跑，还有冻得红彤彤的脸颊。我们高兴极了，飞快地跑过去，不住地说谢谢。而那个小伙子竟也满怀歉意地一个劲道歉：“我来得太晚了，真不好意思”，说罢便拿起笔认真地填写起来。还是那白茫茫的一片雪，在阳光温和的照耀下反射出亮莹莹的光，一如人性永恒而柔和的光辉。此景、此人、此情，让我浸润在温暖和感动中。他冻得红彤彤的脸和手，映衬着他那颗红彤彤的热情的心，以及与陌生人之间红彤彤的信任和真情。

在寒风中近三个小时的社会调查，让我一下子成熟了许多。仿佛是一次蜕变、一次历练，我学会了如何与陌生人打交道。以一颗真诚的心待人，收获的也一定是真诚的回应。我还学会了如何面对生活中的打击和不如意，永远不要丧失信心和希望，永远不要放弃尝试的勇气，也许再试一次，败局就能扭转。我更体验到了人与人之间的温暖，收获了满满的感动。

总之，对于今天的活动，一言以蔽之：累并快乐着，冷并温暖着，痛并感动着。

大人物的“忍”

最近对“忍”字感触颇多，心头一把刀，能忍之人所承受的痛苦恐怕是一般人难以想象的。

为了成就帝王之业，光武帝刘秀在兄长被杀之时强忍悲痛，用冷漠和绝情打消仇人的疑虑。亲人的伤心绝望，昔日众将的背叛离去，狠狠地抽打着刘秀的内心。但他只有忍下去，忍下去，才有翻盘的机会。对仇人的暂时屈膝是为了磨快自己的利刃，对仇人的暂时臣服是为了将来更好地奋起。

为了重振雄风，曾国藩将长沙之辱埋在心底，忍受官场的嘲笑挖苦，敌人的叫嚣谩骂，皇帝的责备失望，潜心练兵，最终一举成名。

莫逞一时之快，隐忍中蓄积力量，沉默中等待机会，才是真正的强者所为。正如徐阶面对夏琰之死的淡漠，是为了保全力量给严嵩更沉重的打击，为此，他要忍受好友的鄙夷和世人的唾骂。但时间终究会拨开迷雾，真英雄的赤子之心也必将昭之日月。

攻心为上

管理需要智慧，研究干部，最重要的是研究他的需求。需求规律告诉我们：常人要待遇，高人要体验。就是说，普通的员工追求的可能仅仅是养家糊口，仅仅是升职加薪，调动这些人的积极性就要提高他们的待遇，给他们有形的看得见的物质奖励，即以利诱之。而对于高级人才，对于那些有理想有抱负的高人，不仅要给他们与地位相匹配的待遇，更重要的是让他们对自己从事的工作，对这个公司，对奋斗的目标充满成就感和荣誉感，让他们觉得他们现在做的事是符合他们所追求的理想的，这样才能留住这些人才，用好这些人才，得其心，尽其才，即以理想感召人。否则，就会出现人才流失，甚至元老对公司的釜底抽薪的悲剧。

正如曹操早年曾犯的一个错误。曹操进攻徐州，留下张邈和陈宫守老巢兖州，结果兖州反叛，差点端了曹操老窝，让他多年积累的心血毁于一旦。要说张邈和陈宫，都是曹操创业过程中的顶梁柱，为曹操的基业立下了汗马功劳。张邈与曹操一起长大，在曹操被董卓追杀逃离洛阳，是张邈收留了他，并全力支持，曹操才得以起兵创业。在曹操一征徐州的时候，嘱咐家里人“如果我回不来了，你们就去投奔张邈”，可见二人关系密切，感情深厚。再说陈宫，也是为曹操成就霸王之业立下了汗马功劳。他在兖州刺史刘岱战死后，兖州局势混乱的情况下借机四处游说，推荐曹操入主兖州，曹操才有了一席立足之地。曹操对陈宫也很是信任欣赏，留下他坚守大本营就是很好的证明。

可就是这两个最不可能反叛的人反叛了，这又是为什么呢？关键在于曹操自身所犯的错误。想当年曹操在讨伐董卓的过程中积累了足够多的声誉，第一个起兵讨伐，第一个奋力追击，陈留起兵，汴水血战，天下人都将其视为忠君爱国保境安民的义士。也正是如此，他麾下迅速聚集了众多有理想抱负的仁人志士，甘愿为他效力，他们越辛苦觉得越光荣，离自己的目标越近，也就越死心塌地地跟随他。

然而，曹操的嗜杀和残暴也渐渐让高人们心灰意冷。在曹操入主兖州后，下令处死了兖州名士边让等人，理由仅仅是因为他们说了一些批评的话，而张邈、陈宫和几位被杀的名士素有情谊；曹操领兵两次征伐徐州，一路大屠杀，手段极为残忍，这种暴行引起了广泛的谴责。张邈和陈宫感到跟着曹操干事业没有保证只有风险，没有前途只有耻辱。失去了下属的心，也就等于给自己埋下了一颗定时炸弹，当这种愤怒和怨恨如洪水般迅猛爆发出来后，就会给领导者重大的打击。

高人难以驾驭，就是因为他们是为自我实现而工作的，他们需要高层次的体验。具体讲，就是：1. 不能只给待遇不给体验，光发钱不行；2. 体验还要高级，要给归属感、荣誉感和成就感；3. 还要给得及时。

看来，管理的精髓还是要攻心为上。

做自己的伯乐

近来内心比较沉重，看了吴官正的自述经历和舞台剧《夏洛特烦恼》之后，这种感觉犹为强烈。

吴官正小时候家里极穷，亲戚朋友们都嘲笑和贬低他们家，邻居街坊都欺负和凌辱他们家。吴官正家有一个简陋的小厨房，旁边就是邻居家的厕所。每天早上他们家吃饭的时候，那邻居就准时跑出来拉屎，天天如此，弄得他们都没法吃饭。他的父母找村干部说了好几次，可那邻居就是不搬厕所，加之他们家没权没势，也只好任人欺负。不光邻居如此薄情，亲戚们也个个冷血。吴官正的母亲为了多挣点钱补贴家用，向一个亲戚借了一头小猪仔养着，想等猪仔长肥卖个好价钱后再还亲戚的钱。结果还没喂两天，那亲戚就上门来要钱了，顺便还羞辱了他们一番，结果没办法，他妈只能带着吴官正连夜翻了两座山，走了一晚上的路把小猪仔送回了亲戚家。吴官正考上清华大学没有路费，他母亲只好挨个去向亲戚家借，可有的亲戚不但不愿意借钱给她，甚至还说：没钱就不要去上嘛。世态炎凉，人情比纸薄，他默默地忍受，而当他功成名就之时，那些曾经欺侮他的人该作何感想呢？

这不禁让我想起了苏秦，那个纵横捭阖，挂六国相印威风八面的伟人。当苏秦“说秦王书十上，而说不行，黑貂之裘敝，黄金百斤尽，资用乏绝，去秦而归”，已然“羸縢履蹻，负书担囊，形容枯槁，面目黧黑，状有愧色”。本已是身心俱疲，可当他回到家中，孤独的灵魂渴望得到一丝亲人的温暖时，等待他的却是“妻不下纴，嫂不为炊，父母不与言”。于是苏秦发奋读书，心中怀有远大抱负，“乃夜发书，陈箧数十，得太公《阴符》之谋，伏而诵之，简练以为揣摩。读书欲睡，引锥自刺其股，血流至足”。就这样，他终于约从散横，抑强秦，联诸侯，“天下之大，万民之众，王侯之威，谋臣之权，皆欲决于苏秦之策。不费斗粮，未烦一兵，未战一士，未绝一弦，未折一矢，诸侯相亲，贤于兄弟”。等他衣锦还乡之时，“父母闻之，清宫除道，张乐设饮，郊迎三十里；妻侧目而视，侧耳而听；嫂蛇行匍伏，四拜自跪而谢”。苏秦曰：“嫂何前倨而后卑也?”嫂曰：“以季子位尊而多金。”苏秦的事例本是一部充满励志色彩的奋斗血泪史，而我独独对那最后一句话“以季子位尊而多金”颇有感触，贫穷则父母不子，富贵则亲戚畏惧，道尽了世态炎凉。

凡人所见，皆是身外之物，以金钱、名利作为衡量一个人成功与否的标志，位尊多金就谄媚吹捧，虎落平阳就落井下石，而没有人识人的眼光和容人的胸怀，才上演出这一幕幕“前倨后恭”的丑剧，看来伯乐确是难寻。但从另一个角度看，若没有家人的鄙视，苏秦能有那么大的动力奋斗吗？恐怕他也就只能将壮志消磨在一餐一饭中了。而从另一个方面来说，也证明了只要发奋努力，只要真正有才华，光芒终究会拨云见日，实现“位尊而多金”亦并非难事。

再看话剧《夏洛特烦恼》的主角夏洛。虽然我对本剧的思想深度颇有不满，但它折射出的人与人之间冷漠的金钱利益关系，同学之间的“唯贫富论”、“唯地位论”则让人心生寒意。看似热情的问候，却充满着对生活不如意的同窗的嘲弄和鄙夷。“夏洛，你有什么事儿就跟我们说，我们帮不上忙，大伙也能乐呵乐呵。”虽说夏洛在梦境中狠狠地报复了这样一群势利浅薄的人，但也只是最终明白了平凡生活的幸福，安于现状，不好高骛远了，而不是努力奋斗，争取更幸福的明天。这样的结局让那脍炙人口的梦境变得更像是窝囊废的牢骚和嫉妒，沦为市井小民发泄不满的浅陋之作了。

但生活中，又有多少吴官正、多少苏秦呢？更多的人恐怕也只能像夏洛那样在梦境中泄泄郁积之气了，醒来照样被欺负，被嘲弄。有时候，他人的鄙视和攻击并不能阻止你前进，没有伯乐，就做自己的伯乐，没有救世主，就做自己的救世主，哪怕诋毁和嘲弄如洪水猛兽，只要一往无前终会有所成就。能忍多大诋毁，就能收获多少赞美，拥有强大的内心、坚韧的意志，又何怕他人的鄙夷和嘲弄?

普通人的爱国

最近我总在想，在国家危难的时刻，到底是什么力量支撑鼓舞着这个国家度过难关，涅槃重生？是在乱世涌现出的英雄骄子吗？是振臂一呼万方响应的伟人吗？诚然，这些杰出人物在国家面临生死抉择的十字路口，陷入苦痛挣扎的泥淖深潭时，勇敢而智慧地拨转了命运的马头，将国家引向正确方向上功不可没，但最终支撑着国家脱离泥沼，重新出发的恐怕还是人民群众的力量，是一个一个普普通通的人用自己的忠诚与奉献挽救了民族存亡。

回想 20 世纪六七十年代，韩国还是世界上最穷困的国家之一，既没钱，也没有其他国家援助，是联合国 120 多个国家中居印度之后的穷困国家。国民收入仅仅 76 美元，当时国家穷到连菲律宾的国民收入 170 美元还不到。那个时候，家庭主妇们甚至将自己的头发卖掉以换取大米和蔬菜，而那些头发收购之后被做成假发出口到国外。没有国家愿意借钱给贫穷的韩国，所以政府将矿工和护士送到西德，以他们的薪水作为担保，这才借到了一亿四千万马克。无数年轻人一心为了脱离穷困，将自己的青春全部奉献在异国他乡。如花的年纪，远赴他国工作，那些护士们在语言不通的环境下从事擦拭尸体的工作，没有丝毫尊严可言，辛苦赚钱寄给韩国的家人。历经这样的痛苦，韩国才有了今日经济的成长。

再看日本，二战后的日本经济萧条，民生凋敝，是那一代日本人勒紧裤带、勤奋工作、省吃俭用，牺牲了自己的幸福与享受才有了腾飞的日本经济。抗战时的中国又何尝不是如此呢？在中华民族危亡时刻，是一个个普普通通的中国人选择拿起武器，保卫国家，用血肉之躯筑起了我们坚不可摧的钢铁长城；在新中国百废待兴，亟需发展经济，巩固国防之时，又是一个个普通人甘愿奉献国家，不顾个人安危与安逸，王进喜、邓稼先……一个个光辉崇高的名字代表了那一代中华儿女对祖国的忠诚与奉献。

危难之时方能彰显国家和民族的凝聚力，而一个个普通的民众是这个国家最坚不可摧的宝贵财富。而当一切归于平静，国家发展步入正轨之时，我们又该做什么，我们又该用什么来报效我们的祖国？

林肯曾说：不要问你的祖国为你做了什么，而要看你为祖国做了什么。在经济迅速发展的今天，又有多少人在抱怨，抱怨社会不公，抱怨压力太大，抱怨工作，抱怨生活，抱怨一切不合自己心意的事。他们觉得国家对不起自己，没有让自己过上理想的生活。诚然，他们的抱怨不无道理，但在经济快速发展的时期，收入差距拉大，社会保障体系不够健全，城市病日益严重都是发展的阵痛，是不可避免的。我们能做的只有适应它，并想办法改变它，这才是公民对国家发展应尽的责任，应采取的态度。

在日常生活中，作为十三亿中国人中普普通通的一员，我认为努力工作，为国家发展尽一份力就是爱国。也许我们没有钱学森那么重要的科学贡献，没有莫言那么高的文学价值，但在庞大的国家机器上，一个小零件都是重要的，每个人的贡献和努力都是不可或缺的。在自己的岗位上发光发热，将自己的汗水与热情播撒在这片广袤的土地上，这样的人生就是有价值的。

还有一点不可不提，就是当国家发展需要你放弃自己一部分既得利益时，我们是否愿意？比如，对于国家改革，增加国民收入，减少税收，这是好事，我们拥护；改善养老、医疗等条件，实现基本公共服务均等化，这也是好事，我们也拥护；对削减地方财政赤字，稳定地方经济，规避风险，这也是好事，我们也拥护；可是这明显是一个三元悖论，在GDP总量一定的情况下，满足了前两个，那么，第三个就必然不能实现。而如果让民众适当放弃一点既得利益，百姓又不会买账，所以，经济发展就必然面临多重选择和考验。我并不是说民众就应该为了国家宏观发展而放弃自己追求幸福美好生活的权利，毕竟，让人民生活更幸福也是国家发展的重要目标，而是说当国家真的需要这样做的时候，我们可以理解，可以去包容，可以去暂时放弃些什么。

我们伟大的祖国在历史的风雨中屹立了千年，是从古至今的一代代普通人的努力与奉献让她历经沧桑仍光彩耀眼。在今天，我也希望我们这一代人可以将她建设得更加美丽，愿与诸君共勉。

（原创话剧）

玄武门之变（剧本）

第 一 幕

第一节

画外音：公元 621 年，秦王李世民在虎牢之战中接连剿灭夏王窦建德、郑王王世充两股势力，为唐朝一统天下奠定了基础。唐高宗李渊在太极宫为李世民接风。

李世民：父皇，儿臣回来了。

李渊：我儿世民接连剿灭夏王窦建德、郑王王世充两股势力，为我朝统一天下立下不朽之功，封天策上将。其他人退下吧，世民我儿，坐到父皇身边来。

（李元吉表情不服，悻悻退下）

（灯光黑，全体退。李建成，小妾，太子妃上）

第二节

画外音：李元吉见李渊对李世民宠信有加，心中惶恐，退朝直奔东宫。（音乐）

李建成：秋怡，我登基之后，立刻废掉太子妃，封你为后。（拉起秋怡手）

（李元吉急匆匆赶来）

李元吉：（急匆匆，神情紧张，恨铁不成钢）大哥，你让我说什么好呀！大难临头，你还有闲心饮酒作乐，你知不知道你的太子之位不保啦！

李建成：此话怎讲？

李元吉：刚才那李世民凯旋归来向父皇复命，父皇关心备至，特意赐座让李世民陪侍在身边，这还不能说明问题吗？这分明是要将皇位传给李世民哪！

李建成：这可如何是好？（搓手）（宫女至太子妃处，“太子妃您……”太子妃忙嘘制止）

李元吉：（上前一步，阴险狡诈）事到如今，我们只能一不做二不休，把李世民……才能永绝后患。

李建成：哎，元吉不可，世民和元吉你都是我的亲弟弟，为人兄者怎么能（咽唾沫）自己的亲弟弟呀！

李元吉：（怂恿）大哥，别再迟疑了，当断不断反受其乱，他李世民是不会念手足之情的，到时您身首异处，可就……快下决心吧！

李建成：（踱步）（叹气，无奈点头）事到如今——默许。（正面）

（灯黑，全体下）

第三节

（李世民及众臣上）

画外音：秦王府，秦王正与众幕僚议事，常何急匆匆赶来。

常何：秦王，大事不好，适才我女儿向老臣透露太子他们怕是要动手啦！（着急，慌张，众臣议论，秦王默不作声，踱步思考）

（房玄龄上前一步）

房玄龄：依臣愚见，现在仇怨已经造成，一旦祸患暗发，岂止是秦王府不可收拾，实际上社稷的存亡都成问题，秦王不如效法周公、管叔、蔡叔之术以便安定皇室与国家存亡的枢机，形势的危急，就是现在了。

秦王您功盖天地，应当继承国统，以安社稷，秦王不要再犹豫了。（作揖）

（尉迟敬德一手拨开房玄龄，不耐烦地）

尉迟敬德：哪儿来这么多废话！而今人为刀俎我为鱼肉，先下手为强后下手遭殃，宰了他们岂不痛快！（群臣又开始议论纷纷）

李世民：住口，那可是本王的亲兄弟啊！难道就没有其他出路吗？

长孙无忌：秦王，而今除此之外我们别无选择，倘若您不下手，他们可就对您下手了！到那个时候，您和我们都将性命不保啊！

（李世民踱步沉默，其间，众人轻呼“秦王，秦王”。）

李世民：唉，最是无情帝王家啊！事情到了这个地步，也只能这样做了。不过，此事事关重大，应当周密计划，确保万无一失，诸公有何高见？

常何：臣有一计，不如明日寅时设伏兵于玄武门，必可将太子与齐王一网打尽。

李世民：好！成王败寇即在明日一搏，传令下去，好好安排。记住，切不可走漏风声。

众人：是！臣领命！

（灯黑，撤道具）

第　二　幕

（伏兵抱方块上，埋伏好）灯亮

画外音：次日寅时李世民率兵埋伏于玄武门内，李建成、李元吉随后带人马赶来。

（中途，李元吉觉察到车辙印）

李元吉：（制止）慢着，这里怎么有人马经过的痕迹？

李建成：四弟不必多疑。（继续走，李元吉左顾右盼，李建成信步

向前）

（视频及音效“啪”出现，二人回头，大惊失色，正当惊恐万状之际，身后传来李世民声音，与此同时李世民潇洒上台）

李世民：大哥近来可好？

李建成：（故作镇定）有劳二弟挂念了。二弟这是何意？（指兵马）

李世民：这是送给二位的见面礼！

李建成：见面礼？

李世民：身在帝王家，大哥，你早该明白啊！(带着沉重)

李建成：二弟，事情何以发展到今天这个地步！（激动）记得你小时候，每天跟在哥的后面，可一转眼(停顿)，你也已经镇守一方，战功显赫，（突起）你我兄弟竟反目成仇！难道我们就不能好好相处吗？

李世民：(苦涩)大哥，都这个时候了，说这些还有什么用！你生性善良怯弱，不适合当一个帝王，为了江山社稷，就让我来背负这弑兄的罪名吧！（渐起坚定）来，成王败寇，一切都在刀剑下见分晓吧！

李建成：世民，可……（被打断）

李元吉：大哥，他都这样说了，你还顾什么旧情！李世民，别高兴得太早了，谁输谁赢，还不一定呢！给我上！

（小兵各自拼杀，李建成一方死伤差不多时，李建成李世民决战，李元吉逃走，李建成中剑身亡，李世民跪在身旁，怅然若失，李建成用最后一口气）

李建成：弟……弟。

（李世民感动，想唤回哥哥）

李世民：哥，哥，哥哥。（语气由轻唤变强）

（灯黑，众下）

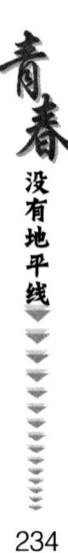

第 三 幕

（一灯打在李建成身上，向前徐步）

李建成：煮豆燃豆萁，豆在釜中泣。本是同根生，相煎何太急。世民，打江山易，守江山难。哥希望你成为治国之明君，待到我大唐政通人和，海清月晏，千秋万代，哥也会欣慰，安息的。

（李建成的灯光灭掉，灯光打在李世民身上，李世民四处寻哥不见）

李世民：哥！（边喊边跪）世民一定安邦治国，不辜负哥哥！不辜负天下苍生！

画外音：玄武门之变后，李世民正式登基称帝，在位数十载，大唐政通人和，国泰民安，开创了闻名后世的“贞观之治”。

（所有演员及各剧组人员上台谢幕）